숩니공방의 강아지 옷 뜨개

본 저작물의 저작권은 저작권자와의 독점계약으로 제우미디어에 있습니다.
저작권법에 의해 한국 내에서 보호를 받는 저작물이므로 무단전재와 무단복제를 금합니다.

핸드메이드
시크릿 레시피

초보자도 쉽게 따라하는 귀엽고 아기자기한 반려견 코바늘 옷 18

숩니공방의 강아지 옷 뜨개

숩니공방 지음

HANDMADE CROCHET
FOR MY PET

제우미디어

PROLOGUE

처음 코바늘을 잡았을 때는 그저 작은 취미였습니다.
그러다 소중한 제 반려견에게 직접 옷을 만들어 입혀주면 어떨까 하는 생각이 들었습니다.
그때만 해도 지금처럼 반려견 옷 도안이나 유튜브 강좌가 많지 않아서,
저는 혼자서 실험하고 실패하며 조금씩 길을 찾아가야 했습니다.
그렇게 독학으로 작은 옷 한벌을 완성했을 때, 그 기쁨은 이루 말할 수 없었지요.
그 순간 깨달았어요.
"이 즐거움을 나 혼자만 알고 있기엔 너무 아깝다."
그 마음으로 유튜브 채널 '숩니공방'을 열었고,
제가 혼자 배우고 터득한 것들을 하나씩 나누기 시작했습니다.
그러다 보니, 어느새 차곡차곡 쌓인 작은 기록들이 이렇게 책 한 권이 되었네요.
이 책은 단순히 도안집이 아니라, 저와 제 반려견이 함께 걸어온 시간의 기록입니다.
이제 그 이야기가 여러분과 여러분의 반려견에게도 이어지길 바랍니다.

제니와 루이를 사랑하는 마음으로

숩니공방, 김수빈

CONTENTS

프롤로그 · 004

PART 1 뜨개를 시작하기 전에

이 책을 보는 방법 · 010   도구 소개 · 011   이 책에 사용한 실 · 012   강아지 사이즈 재는 법 · 013

PART 2 기초 기법

매듭짓기 · 016   사슬뜨기 · 017   짧은뜨기 · 018   긴뜨기 · 019   한길긴뜨기 · 020   빼뜨기 · 021   매직링 만들기 · 023
이랑뜨기 | 늘려뜨기 | 모아뜨기 · 024   실 잇기와 색상 바꾸기 · 025   실 끊어내기 · 026   실 정리하기 · 027

PART 3 작품 만들기

체리 프릴 케이프 · 030

파스텔 가랜드 넥카라 · 036

방울 목걸이 · 043

하트 체리 리본 목걸이 · 048

이어 슈슈 · 058

꼬마 요정 딸기 두건 · 064

큐피드 스티치 케이프 · 072

루비 프릴 케이프 · 080

생일 파티 케이프&모자 · 088

크리스마스 트리 모자 · 100

곰돌이 후드 케이프 · 110

후르츠 케이프와 가방 · 126

바다 물결 스카프 · 140

바다 물결 티셔츠와 조개 가방 · 150

스트라이프 베스트 · 162

하트 브이 베스트 · 170

리본 발레리나 투피스 · 180

곰돌이 하네스 가방 · 196

PART 1
뜨개를 시작하기 전에

이 책을 보는 방법

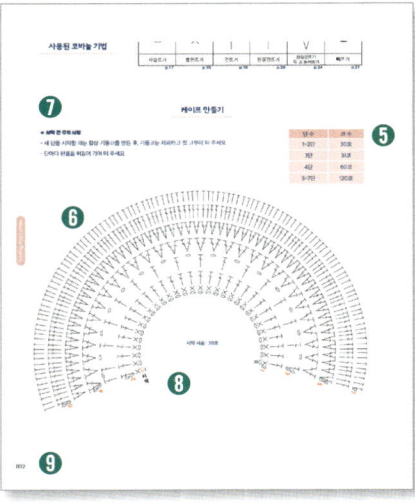

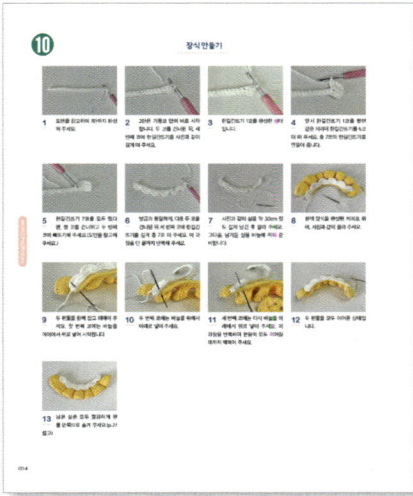

❶ QR 코드를 스캔하면 작품 전체 제작 과정을 영상으로 보실 수 있습니다.

❷ 작품의 화보를 보고 만들고 싶은 작품을 선택해요.

❸ 각 작품에는 난이도가 표시되어 있으며 별의 개수가 많을수록 난이도가 높습니다.

❹ 만들고 싶은 작품에 필요한 실과 바늘, 그리고 준비물이 무엇인지 확인해 보세요.

❺ 강아지의 치수를 측정해 알맞은 사이즈를 선택해 주세요.(표시된 치수는 완성된 옷의 사이즈입니다.)

❻ 만들 사이즈에 맞는 도안 페이지를 찾아보세요.

❼ 뜨개질을 시작하기 전, 꼭 주의사항을 먼저 확인해 보세요.

❽ 시작 표시가 된 위치에서 뜨개를 시작해요.

❾ 만들기 순서는 책의 페이지 순서와 동일합니다. 해당 페이지의 도안을 완성했다면, 책을 넘겨 다음 제목부터 차근차근 시작해 보세요.

❿ 도안만으로 이해하기 어려운 부분은 사진으로도 설명되어 있으니 함께 참고해 보세요.

도안 업데이트 안내

책을 만든 뒤에도 더 예쁘게 만들 수 있는 아이디어가 계속 떠오르곤 합니다.
오른쪽 QR코드를 통해 도안 보완, 오타 수정, 추가 팁 등의 최신 내용을 확인하실 수 있습니다.
책을 시작하기 전, 한 번 QR코드 페이지를 방문해 주시면 보다 완성된 버전으로 함께 만들어 가실 수 있을 것입니다.

도구 소개

1 모사용 코바늘 뜨개질의 가장 기본 도구입니다. 실 굵기와 도안에 따라 사용하는 호수가 달라지므로, 책에 표시된 호수를 확인해 주세요. 손에 맞는 그립감 있는 코바늘을 사용하면 오래 떠도 편안합니다.

2 뜨개실 실의 굵기, 색상, 재질에 따라 옷의 분위기가 달라집니다. 도안마다 필요한 실의 종류와 양을 안내해 두었으니 참고해 주세요.

3 단수표시링 어디까지 떴는지, 혹은 늘림·줄임 위치를 표시할 때 유용합니다. 없을 경우 작은 실 조각이나 안전핀으로 대체할 수도 있습니다.

4 줄자 강아지의 치수를 재거나 작품 크기를 확인할 때 꼭 필요합니다. 정확한 사이즈를 위해 반드시 준비해 주세요.

5 가위 실을 자르는 데 사용합니다. 작은 수예용 가위를 사용하면 작업이 더 깔끔하고 편리합니다.

6 돗바늘 뜨개 마무리 시 실을 정리하거나 이어줄 때 사용합니다. 작품을 깔끔하게 완성하는 데 꼭 필요한 도구입니다.

7 일반 바늘 단추 달기, 장식 꿰매기 등 세밀한 마무리에 사용합니다. 돗바늘과 함께 준비해 두면 작업이 훨씬 편리합니다.

이 책에서 사용한 실

1 아이돌 실
소재 : Cotton 30%, Acrylic 55%, Rayon 15%
중량 : 약 45g
굵기 : 약 2~3mm
권장 코바늘 : 4/0호~6/0호

2 헤라코튼 실
소재 : Cotton 55%, Acrylic 45%, Wool 5%
중량 : 약 45g
굵기 : 약 1mm
권장 코바늘 : 3/0호~5/0호

3 롤리코튼 실
소재 : Combed Cotton 60%, Acrylic 40%
중량 : 약 30g
굵기 : 약 2mm
권장 코바늘 : 4/0호~5/0호

4 봉봉조이 실
소재 : Wool 6%, Acrylic 22%, Recycle Polyester 25%, Polyester 47%
중량 : 약 100g
굵기 : 약 2mm
권장 코바늘 : 5/0호~6/0호

5 통통이코튼 실
소재 : Combed Cotton 100%
중량 : 약 70g
굵기 : 약 3mm
권장 코바늘 : 6/0호~8/0호

6 아르고DK 슈퍼파인 메리노울
소재 : Superfine Merino Wool 100%
중량 : 약 60g
굵기 : 약 2mm
권장 코바늘 : 4/0호~5/0호

강아지 사이즈 재는 법

1 목둘레	목에 가장 두꺼운 부분을 줄자로 감싸 잽니다. 옷이 너무 조이지 않도록, 손가락 한두 개가 들어갈 정도의 여유를 두면 좋아요.	
2 등 길이	목과 등에 만나는 지점(목둘레가 끝나는 자리)부터 꼬리 앞부분까지 일직선으로 잽니다.	
3 가슴둘레	앞다리 바로 뒤, 가슴에서 가장 넓은 부분을 줄자로 잽니다.	
	옷이 너무 조이지 않도록, 손가락 한두 개가 들어갈 정도의 여유를 두면 좋아요.	

강아지 사이즈 측정 시 주의사항

1 편안한 자세에서 측정하기	강아지가 앉아 있거나 웅크린 상태에서는 정확한 치수가 나오지 않습니다. 반드시 편안하게 선 자세에서 줄자를 사용해 주세요.
2 줄자를 너무 조이지 않기	치수를 잴 때 줄자를 너무 꽉 조이지 마세요. 손가락 한두 개가 들어갈 정도의 여유를 두는 것이 좋습니다.
3 털 상태 확인하기	털이 긴 강아지는 털이 눌린 상태와 자연스러운 상태가 다를 수 있습니다. 평소 모습 그대로 잰 뒤, 옷 제작 시에는 털 길이만큼 여유를 두어 주세요.
4 여러 번 측정하기	한 번만 재면 오차가 있을 수 있습니다. 같은 부위를 2~3번 측정해 평균값을 내면 더 정확합니다.
5 계절과 용도 고려하기	겨울옷처럼 두께가 있는 옷을 만들 때는 조금 더 여유를 주는 것이 좋습니다. 반대로 여름용 가벼운 옷은 여유분을 최소화해도 됩니다.

강아지 평균 사이즈 표

사이즈	가슴둘레	등 길이	목둘레	평균 몸무게
XS	28cm	17cm	18cm	약 600~1.2kg
S	32cm	20cm	21cm	약 1.2~2.2kg
M	38cm	24cm	25cm	약 2.2~3.5kg
L	43cm	28cm	29cm	약 3.5~5kg
XL	50cm	32cm	33cm	약 5~8kg
2XL	58cm	37cm	38cm	약 8~11kg
3XL	66cm	41cm	42cm	약 11~15kg

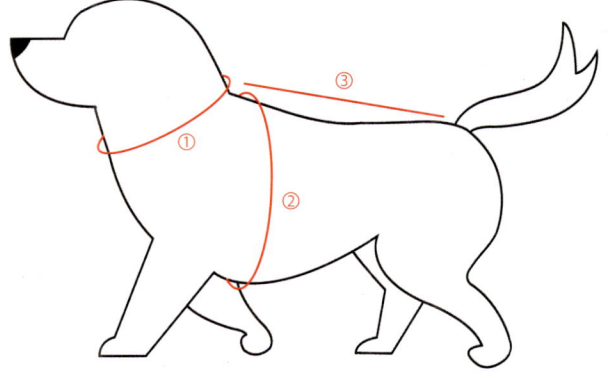

움직임이 편안하고 착용감이 좋게 옷을 만드는 방법

○ 강아지 옷은 실제 치수보다 2~3cm 정도 여유를 두고 만들어 주세요. 이렇게 하면 움직임이 편안해지고 착용감이 좋아집니다.

○ 털이 긴 강아지의 경우에는 털 길이만큼 추가 여유를 주어야 옷이 답답해 보이지 않고 자연스럽게 어울립니다.

○ 도안을 참고해 원하는 사이즈에 맞게 사슬을 만든 뒤 1단까지 완성하고, 완성된 편물의 크기를 측정하는 것이 가장 정확합니다.

PART 2
기초 기법

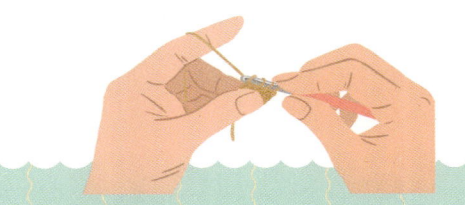

매듭짓기

매듭 짓기는 뜨개질을 시작할 때 실을 고정하기 위해 만드는 첫 단계로, 이후 사슬뜨기를 이어가기 위한 기본 고리입니다.

1 코바늘과 실을 준비해 주세요.

2 실을 사진과 같이 둥글게 말아 고리를 만들어 주세요.

3 코바늘을 고리 안에 넣어 주세요.

4 이어서 코바늘에 실을 한 번 감아 주세요.

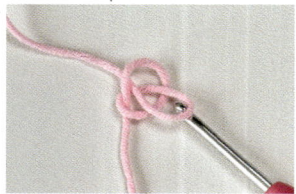

5 감은 실을 고리 안으로 끌어 빼내 주세요.

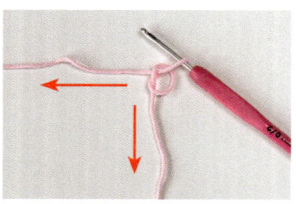

6 양쪽 실을 잡아당겨 매듭을 조여 주세요.

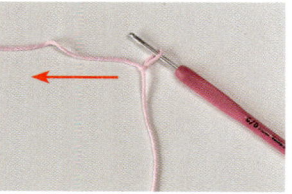

7 화살표 방향의 실을 잡아당기면 코바늘에 걸려 있는 고리의 크기를 조절할 수 있습니다. 고리가 너무 크거나 작지 않도록 코바늘에 알맞게 맞춰 주세요.

8 매듭 짓기가 완료된 모습입니다.

사슬뜨기

뜨기의 가장 기본이 되는 기법으로, 코를 늘리거나 만들 때 사용합니다.

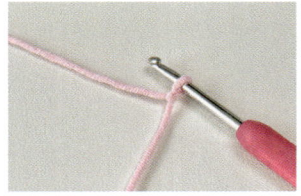

1 사슬뜨기는 매듭 짓기를 완료한 상태에서 시작합니다.

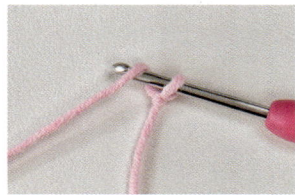

2 코바늘에 실을 한 번 감아 주세요.

3 감은 실을 고리 안으로 끌어 빼내 주세요.

4 사슬뜨기 1코를 완료한 모습입니다.

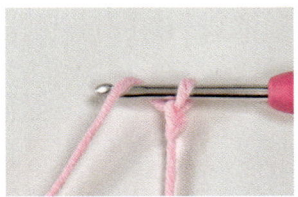

5 이어서 코바늘에 실을 한 번 감은 뒤, 고리 안으로 빼내 주세요.

6 사슬뜨기 2코를 완료한 모습입니다. 같은 방법으로 실을 감아 빼내기를 반복하면 됩니다.

7 사슬 15코가 완성된 상태입니다.

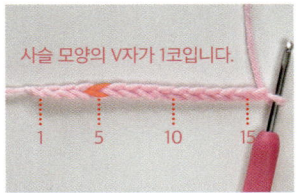

8 **코 세는 방법 (사슬 앞쪽)**
바늘에 걸린 고리를 제외하고, 사슬 모양으로 이어진 코를 세어 주세요.

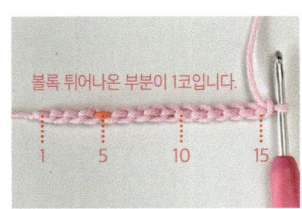

9 **코 세는 방법 (사슬 뒤쪽)**
사슬뜨기를 뒤집어 뒤쪽의 코 산(뒷산)이 보이도록 놓은 뒤, 가운데 볼록하게 튀어나온 부분을 코로 세어 주세요.

짧은뜨기

낮은 높이로 편물이 단단하고 촘촘하게 짜이며, 안정적인 형태를 만들 때 사용합니다.

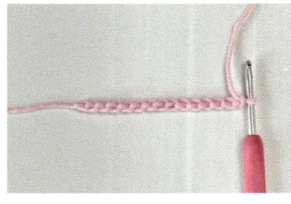

1 사슬뜨기 15코를 만들어 준비합니다.

2 사슬뜨기를 뒤집어 뒤쪽의 코 산(뒷산)이 보이도록 놓은 뒤, 첫 번째 코 산은 건너뛰고 두 번째 코 산에 바늘을 넣어 주세요.

3 이어서 코바늘에 실을 한 번 감아 주세요.

4 바늘에 감은 실을 끌어 와 두 번째 코 산을 통과시켜 주세요.

5 실을 통과시킨 후, 코바늘에는 고리가 2가닥 걸려 있습니다.

6 다시 코바늘에 실을 한 번 감아 주세요.

7 코바늘에 감은 실을 끌어 와, 바늘에 걸려 있던 고리 두 가닥을 모두 통과시켜 주세요.

8 짧은뜨기 1코가 완성되었습니다.

9 코바늘에 걸린 고리 앞에 생긴 사슬 모양이 첫 번째 코가 됩니다.

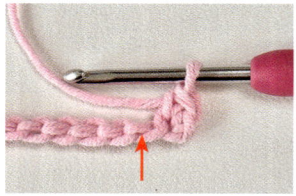

10 두 번째 코를 만들기 위해, 다음 코 산에 코바늘을 넣어 주세요.

11 다음 코 산에 코바늘을 넣은 모습입니다.

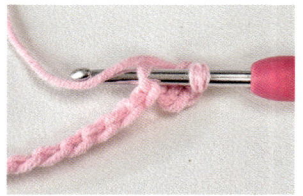

12 이어서 코바늘에 실을 한 번 감아, 방금 넣은 코 산을 통과시켜 주세요.

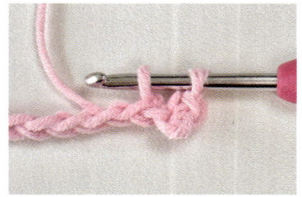

13 통과시킨 모습입니다.

14 다시 코바늘에 실을 한 번 감고 끌어 와, 코바늘에 걸려 있던 고리 2가닥을 모두 통과시켜 주세요.

15 짧은뜨기 2코가 완성 되었습니다.

16 같은 방법을 반복하여 짧은뜨기를 이어 가면 됩니다.

긴뜨기

짧은뜨기보다 높이가 있으며, 부드럽고 유연한 편물을 만들 때 활용됩니다.

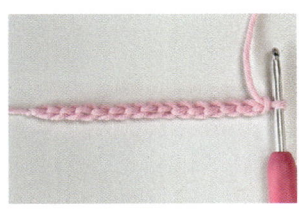

1 사슬뜨기 15코를 만들어 준비합니다.

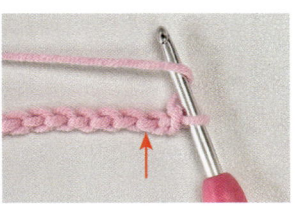

2 사슬뜨기를 뒤집어 뒤쪽의 코 산(뒷산)이 보이도록 놓은 뒤, 코바늘에 실을 한 번 감아 첫 번째 코 산은 건너뛰고 두 번째 코 산에 바늘을 넣어 주세요.

3 두 번째 코 산에 코바늘을 넣은 모습입니다.

4 이어서 코바늘에 실을 한 번 감아, 방금 넣은 코 산을 통과시켜 주세요.

5 통과시킨 모습입니다.

6 다시 코바늘에 실을 한 번 감고 끌어 와, 코바늘에 걸려 있던 고리 3가닥을 모두 통과시켜 주세요.

7 긴뜨기 1코가 완성되었습니다.

8 코바늘에 걸린 고리 앞에 생긴 사슬 모양이 첫 번째 코가 됩니다.

9 두 번째 코를 만들기 위해, 다시 코바늘에 실을 한 번 감아 다음 코 산에 넣어 주세요.

10 다음 코 산에 코바늘을 넣은 모습입니다.

11 다시 코바늘에 실을 한 번 감고 끌어 와, 코바늘에 걸려 있던 고리 3가닥을 모두 통과시켜 주세요.

12 긴뜨기 2코가 완성되었습니다.

13 같은 방법을 반복하여 긴뜨기를 이어 가면 됩니다.

한길긴뜨기

기초 기법 중 가장 높이가 크며, 넓은 간격과 가벼운 질감을 낼 때 사용합니다.

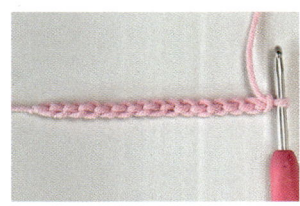

1 사슬뜨기 16코를 만들어 준비합니다.

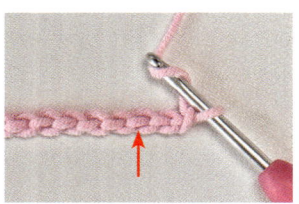

2 사슬뜨기를 뒤집어 뒤쪽의 코 산(뒷산)이 보이도록 놓은 뒤, 코바늘에 실을 한 번 감아 첫 번째와 두 번째 코 산은 건너뛰고 세 번째 코 산에 바늘을 넣어 주세요.

3 세 번째 코 산에 바늘을 넣은 모습입니다.

4 이어서 코바늘에 실을 한 번 감아, 방금 넣은 코 산을 통과시켜 주세요.

5 통과시킨 후, 코바늘에는 고리 3가닥이 걸려 있습니다.

6 다시 코바늘에 실을 한 번 감아 끌어 와, 코바늘에 걸려 있는 고리 3가닥 중 앞쪽의 2가닥만 통과시켜 주세요.

7 통과시킨 후, 코바늘에는 고리가 2가닥이 걸려 있습니다.

8 다시 코바늘에 실을 한 번 감아 끌어 와, 코바늘에 걸려 있는 고리 2가닥을 모두 통과시켜 주세요.

9 한길긴뜨기 1코가 완성되었습니다.

10 코바늘에 걸린 고리 앞에 생긴 사슬 모양이 첫 번째 코가 됩니다.

11 두 번째 코를 만들기 위해, 코바늘에 실을 한번 감아, 다음 코 산에 코바늘을 넣어 주세요.

12 이어서 코바늘에 실을 한 번 감아, 방금 넣은 코 산을 통과시켜 주세요.

 **13** 다시 코바늘에 실을 한 번 감아 끌어 와, 코바늘에 걸려 있는 고리 3가닥 중 앞쪽의 2가닥만 통과시켜 주세요.

 **14** 다시 코바늘에 실을 한 번 감아 끌어 와, 코바늘에 걸려 있는 고리 3가닥 중 앞쪽의 2가닥만 통과시켜 주세요.

 **15** 한길긴뜨기 2코가 완성되었습니다.

 **16** 같은 방법을 반복하여 한길긴뜨기를 이어 가면 됩니다.

빼뜨기

빼뜨기는 편물을 마무리하거나 원형을 연결할 때 사용하는 기법으로, 높이가 생기지 않고 깔끔하게 이어집니다.

 **1** 사슬뜨기 15코를 만들어 준비합니다.

 **2** 사슬뜨기를 뒤집어 뒤쪽의 코산(뒷산)이 보이도록 놓은 뒤, 첫 번째 코산은 건너뛰고 두 번째 코산에 바늘을 넣어 주세요.

 **3** 두 번째 코 산에 바늘을 넣은 모습입니다.

 **4** 코바늘에 실을 한 번 감고 끌어 와, 코바늘에 걸려 있던 고리 2가닥을 모두 통과시켜 주세요.

 **5** 빼뜨기 1코가 완성되었습니다.

 **6** 코바늘에 걸린 고리 앞에 생긴 사슬 모양이 첫 번째 코가 됩니다.

 **7** 두 번째 코를 만들기 위해, 다음 코 산에 코바늘을 넣어 주세요.

 **8** 다음 코 산에 코바늘을 넣은 모습입니다.

9 코바늘에 실을 한 번 감고 끌어와, 코바늘에 걸려 있던 고리 2가닥을 모두 통과시켜 주세요.

10 빼뜨기 2코가 완성되었습니다.

11 같은 방법을 반복하여 빼뜨기를 이어 가면 됩니다.

기법별 편물의 모양

뜨기 기법에 따라 편물의 높이가 달라집니다.

빼뜨기

짧은뜨기

긴뜨기

한길긴뜨기

매직링 만들기

매직링은 원형 뜨기 시작할 때 사용하는 기본 기법입니다. 중앙을 원하는 만큼 조일 수 있어, 시작 부분이 깔끔하게 마무리되는 장점이 있습니다.

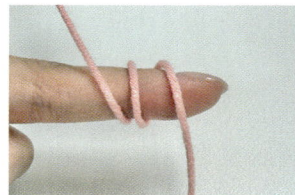

1 사진과 같이 손가락에 실을 두 번 감아 주세요.

2 감은 실이 풀리지 않도록 손가락으로 잡아 주세요.

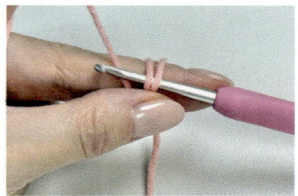

3 감아진 실 두 가닥 사이로 코바늘을 넣어 주세요.

4 코바늘에 실을 한 번 감은 뒤, 감아둔 실 두 가닥 사이로 끌어와 통과시켜 주세요.

5 실을 끌어와 통과시킨 모습입니다. 이렇게 해서 매직링이 완성되었습니다.

6 매직링을 만든 후, 바로 도안의 1단을 시작합니다. 예를 들어 1단이 짧은뜨기 6코라면, 먼저 코바늘에 실을 감아 끌어온 뒤 사슬 1코를 만들어 주세요.

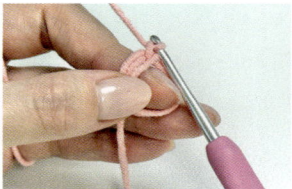

7 사슬 1코(기둥코)를 완성한 모습입니다. 이어서 매직링을 손가락 끝으로 옮겨 잡아 주세요.

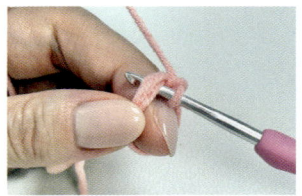

8 매직링 안에 코바늘을 넣어 짧은뜨기를 해 주세요.

9 짧은뜨기를 총 6코 떠 주세요.

10 짧은뜨기 6코를 완성한 뒤, 매직링의 짧은 실을 살짝 잡아당겨 주세요.

11 이 실을 잡아당기면, 원을 이루고 있던 두 가닥 중 한 가닥이 줄어드는 것을 확인할 수 있습니다. 그 줄어든 실의 위쪽을 잡아, 매직링의 구멍이 완전히 모아질 때까지 당겨 주세요.

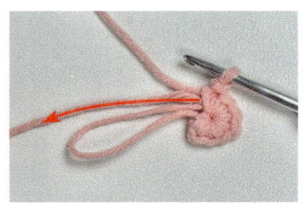

12 구멍이 완전히 모아졌다면, 매직링의 끝 실을 다시 한 번 잡아당겨 주세요.

13 이렇게 하면 매직링의 구멍이 다시 벌어지지 않고 튼튼하게 고정됩니다.

14 이어서 첫 짧은뜨기 코에 코바늘을 넣어 빼뜨기하고, 원형으로 이어 주세요.

15 이렇게 매직링을 만들어 1단과 매직링 조이기까지 완성했습니다.

이랑뜨기

- 이랑뜨기는 코의 뒤쪽 가닥만 걸어 떠 주는 방법입니다. 앞쪽 가닥은 그대로 남기 때문에, 편물 겉면에 가로 줄무늬가 생깁니다.
- 도안 기호에서는 기본 기호(짧은뜨기, 한길긴뜨기 등) 아래쪽에 짧은 가로선(ㅡ)이 붙어 있는 모양으로 표시합니다.

예)  이랑뜨기 짧은뜨기   예) 이랑뜨기 짧은뜨기   예) 이랑뜨기 짧은뜨기

   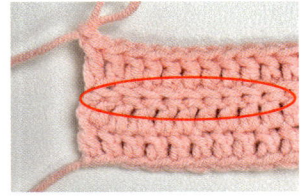

1 편물을 준비한 뒤, 이랑뜨기를 시작해 보겠습니다.

2 코의 두 가닥 중 뒤쪽 가닥에만 코바늘을 넣어 주세요.

3 뒤쪽 가닥에 한길긴뜨기를 한 모습입니다.

4 이랑뜨기를 이어서 뜨면 앞쪽 가닥이 그대로 남아, 편물 겉면에 가로로 줄 지은 무늬가 나타납니다.

늘려뜨기

한 코에 같은 뜨기를 여러 번 넣어 코 수를 늘리는 방법입니다.
예) 짧은뜨기 2코 늘려뜨기는 한 코 안에 짧은뜨기를 두 번 넣어, 한 코가 두 코로 늘어나는 방법입니다.

 짧은뜨기 2코 늘려뜨기   긴뜨기 2코 늘려뜨기   한길긴뜨기 2코 늘려뜨기

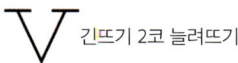

1 편물을 준비한 뒤, 늘려뜨기를 시작해 보겠습니다.

2 같은 코에 한길긴뜨기를 두 번 넣어 뜨면, 한 코가 두 코로 늘어나 '한길긴뜨기 2코 늘려뜨기 2코'가 완성됩니다.

모아뜨기

두 코를 하나로 줄이는 방법입니다.
예) 코바늘을 줄일 코들에 차례로 넣어 실을 끌어온 뒤, 한 번에 같이 떠서 두 코를 한 코로 만듭니다.

 짧은뜨기 2코 모아뜨기   긴뜨기 2코 모아뜨기   한길긴뜨기 2코 모아뜨기

1 진행 중인 편물에서 두 코를 줄인다고 가정해 보겠습니다. 먼저 코바늘에 실을 감은 뒤, 다음 코에 넣어 주세요.

2 다음 코에 넣은 뒤, 코바늘에 실을 감아 끌어와 방금 넣었던 코를 통과시켜 주세요.

3 코바늘에 실이 3가닥 걸리면, 다시 실을 감아 끌어와 바늘에 걸린 실 2가닥을 통과시켜 주세요.

4 통과시킨 후 바늘에 실이 2가닥 남게 됩니다. 이어서 코바늘에 실을 한 번 감은 뒤, 다음 코에 넣어 주세요.

5 다음 코에 넣은 뒤, 코바늘에 실을 감아 끌어와 방금 넣었던 코를 통과시켜 주세요.

6 통과시킨 후 바늘에 실이 4가닥 남게 됩니다.

7 이어서 실을 감아 끌어와 바늘에 걸린 실 2가닥을 통과시켜 주세요.

8 통과시킨 후 바늘에 실이 3가닥 남게 됩니다

9 이어서 실을 감아 끌어와 바늘에 걸린 실 3가닥 모두 통과시켜 주세요.

10 한길긴뜨기 2코 모아뜨기가 완성되었습니다.

실 잇기와 색상 바꾸기

새 실을 연결하거나 색을 바꿀 때는, 기법의 마지막 단계에서 새 실을 끌어와 마무리하는 방법을 사용합니다. 이 방법을 쓰면 매듭이 생기지 않아 옷이 깔끔하게 완성됩니다.

1 사진에 보이는 편물의 다음 코에서 실 색상을 바꾸거나 새 실을 잇는 상황을 가정해 보겠습니다.

2 바늘에 걸린 실을 길게 늘어뜨린 뒤, 코바늘을 빼 주세요.

3 사진에서 보이는 것처럼 길게 늘어뜨린 실이 지나간 자리에 코바늘을 넣어 주세요.

4 이어서 새 실을 코바늘에 걸어, 방금 넣었던 곳으로 끌어와 통과시켜 주세요.

5 통과시킨 후, 기존 실을 잘라 주세요.

6 기존 실을 자른 후, 화살표 방향으로 당겨 주세요.

7 기존 실을 새 실 끝에 나란히 두어 주세요.

8 기존 실과 새로운 실의 끝을 함께 숨기면서 기존 기법을 이어가 주세요. 이렇게 하면 실이 자연스럽게 교체됩니다.

9 숨기며 떠준 꼬리실이 튀어나왔다면 잘라 깔끔하게 정리해 주세요.

실 끊어내기

작품을 모두 완성한 뒤에는, 마무리를 위해 실을 끊어내야 합니다.

1 편물이 완성되면, 실을 끊어내기 위해 사슬 1코를 떠 주세요.

2 사슬 1코를 완성한 모습입니다.

3 이어서 실을 약 10cm 남기고 잘라 주세요.

4 코바늘에 걸린 실을 길게 늘어뜨린 뒤, 사슬코에 실이 완전히 통과될 때까지 당겨 주세요.

5 통과된 실을 잡아당겨 사슬코를 단단히 고정하면, 마지막 코가 풀리지 않고 깔끔하게 마무리됩니다.

실 정리하기

작품을 완성한 뒤 남은 꼬리실은 돗바늘을 이용해 정리합니다.

1 완성하고 남은 꼬리실 끝을 돗바늘에 끼워 주세요.

2 편물을 뒤집어 안쪽에서 실을 숨겨 주세요.

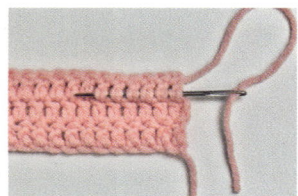

3 편물의 중간 사이사이, 겉에서 드러나지 않는 부분을 따라 돗바늘을 넣어 주세요. 기둥코 사이 또는 코 사이로 실을 통과시키면 꼬리실이 자연스럽게 숨겨집니다.

4 한 방향으로만 통과시키지 말고, 왕복으로 2~3번 오가며 숨겨 주면 더 단단히 고정됩니다.

5 남은 꼬리실은 가위로 잘라 주세요.

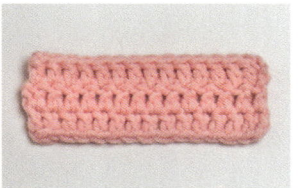

6 남은 꼬리실을 모두 숨겨 정리하면 작품이 완성됩니다. 깔끔하게 마무리해야 세탁이나 사용 시에도 풀리지 않습니다.

PART 3
작품 만들기

NOTE
- 영상과 도안을 함께 보며 만들면 이해가 훨씬 쉽습니다.
- 제작자마다 장력이 모두 다르기에 샘플 사이즈와 동일하지 않을 수 있습니다.

위의 QR코드로
들어가면 영상을
보실 수 있습니다.

난이도
★

#001

체리 프릴 케이프

톡톡 튀는 체리와 러블리한 프릴의 조합!
초보자가 만들기 좋은 케이프입니다.
프리 사이즈로 반려동물 모두가 착용 가능해요.
귀여움 가득한 체리 프릴 케이프로 코바늘에 입문해보세요!

Knitting Supplies

사용한 실	아이돌 실	1 크림	6 레모나
실 소요량	컬러 각 1볼씩 총 2볼로 케이프 2~3개 제작
사용한 도구	코바늘 5호(3.0mm), 돗바늘, 단수표시링, 가위, 일반 바늘
준비물	체리 장식

사용된 코바늘 기법

○	×	T	ꓔ	V	●
p.17	p.18	p.19	p.20	p.24	p.21
사슬뜨기	짧은뜨기	긴뜨기	한길긴뜨기	한길긴뜨기 두 코 늘려뜨기	빼뜨기

케이프 만들기

★ 시작 전 주의 사항
- 새 단을 시작할 때는 항상 기둥코를 만든 후, 기둥코는 제외하고 첫 코부터 떠 주세요.
- 단마다 편물을 뒤집어 가며 떠 주세요.

단 수	코 수
1~2단	30코
3단	31코
4단	60코
5~7단	120코

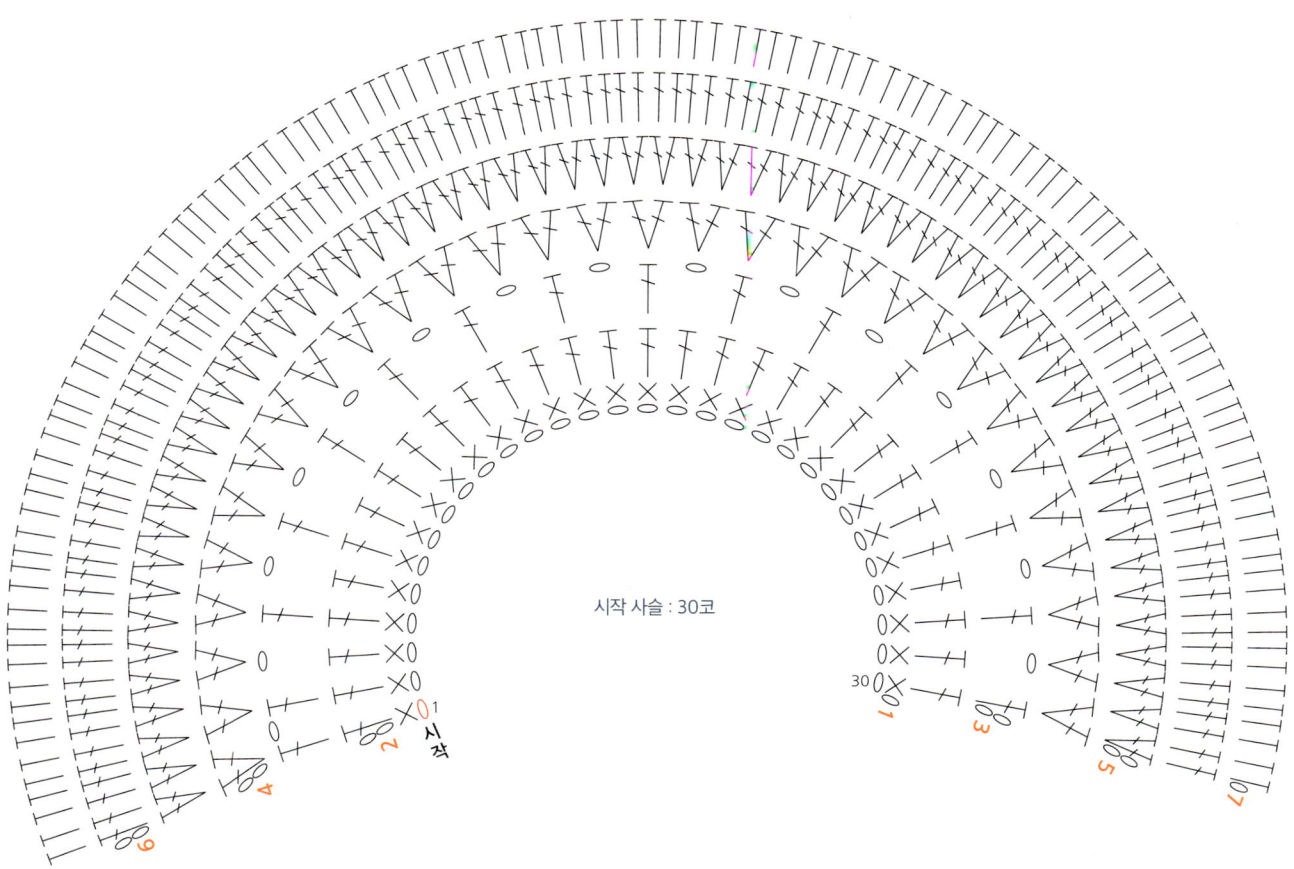

시작 사슬 : 30코

장식 만들기   사진 설명 p.34

단수	코 수
1단	30코
2단	42코

* 2단까지 완성한 뒤, 실을 길게 남겨 잘라 주세요.

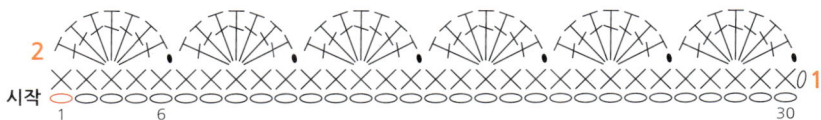

시작 사슬 : 30코

장식 만들기

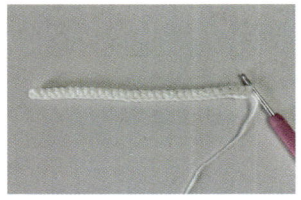

1 도안을 참고하여 1단까지 완성해 주세요.

2 2단은 기둥코 없이 바로 시작합니다. 두 코를 건너뛴 뒤, 세 번째 코에 한길긴뜨기를 사진과 같이 길게 떠 주세요.

3 한길긴뜨기 1코를 완성한 상태입니다.

4 앞서 한길긴뜨기 1코를 떴던 같은 자리에 한길긴뜨기를 6코 더 떠 주세요. 총 7코의 한길긴뜨기를 만들어 줍니다.

5 한길긴뜨기 7코를 모두 떴다면, 한 코를 건너뛰고 두 번째 코에 빼뜨기해 주세요.(도안을 참고해 주세요.)

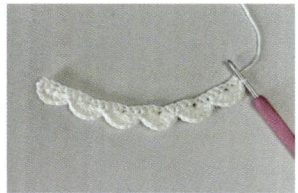

6 방금과 동일하게, 다음 두 코를 건너뛴 뒤 세 번째 코에 한길긴뜨기를 길게 총 7코 떠 주세요. 이 과정을 단 끝까지 반복해 주세요.

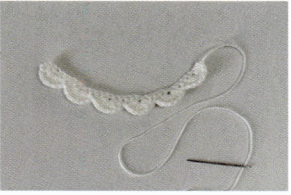

7 사진과 같이 실을 약 30cm 정도 길게 남긴 후 잘라 주세요. 그다음, 남겨둔 실을 바늘에 끼워 준비합니다.

8 흰색 장식을 완성된 케이프 위에, 사진과 같이 올려 주세요.

9 두 편물을 함께 잡고 꿰매어 주세요. 첫 번째 코에는 바늘을 아래에서 위로 넣어 시작합니다.

10 두 번째 코에는 바늘을 위에서 아래로 넣어 주세요.

11 세 번째 코에는 다시 바늘을 아래에서 위로 넣어 주세요. 이 과정을 반복하여 편물이 모두 이어질 때까지 꿰매어 주세요.

12 두 편물을 모두 이어준 상태입니다.

13 남은 실은 모두 깔끔하게 편물 안쪽으로 숨겨 주세요.(p.27 참고)

끈 만들기

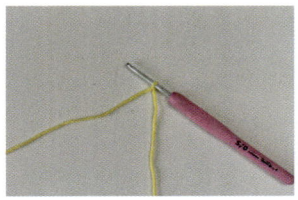

1 코바늘에 실을 연결해 주세요.

2 사슬 100코를 만들어 주세요.

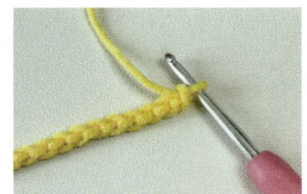

3 사슬 뒤쪽의 코산에서 첫 번째 코는 건너뛰고, 두 번째 코에 빼뜨기를 해 주세요.

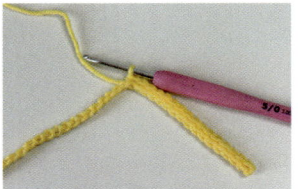

4 사진과 같이 사슬이 일자로 정리되도록, 손에 힘을 빼고 빼뜨기를 한 코에 하나씩 끝까지 해 주세요.

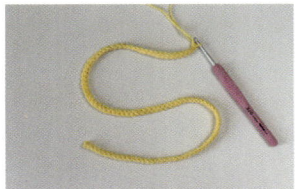

5 빼뜨기를 끝까지 완료한 상태입니다.

6 실을 여유 있게 남기고 잘라 주세요. 그다음, 돗바늘을 이용해 편물 안쪽으로 실을 깔끔하게 숨겨 주세요.

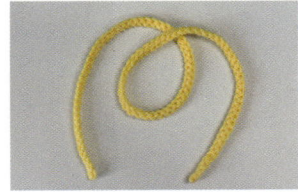

7 실 정리를 모두 마친 상태입니다.

8 끈을 사진과 같이 케이프 뒤쪽에 지그재그로 통과시켜 연결해 주세요.

9 사진과 동일한 방식으로 작업해 주세요.

10 끈을 모두 연결한 상태입니다.

11 체리 장식을 원하는 위치에 달아주면 완성입니다.

위의 QR코드로
들어가면 영상을
보실 수 있습니다.

난이도
★

#002

파스텔 가랜드 넥카라

귀여운 반달 모양들이 줄지어 연결된 파스텔 가랜드 넥카라는
축제를 알리는 깃발처럼 사랑스러운 분위기를 더해주는 아이템이에요.
산뜻한 파스텔 톤 다섯 가지 색상을 조합해, 목에 두르기만 해도 매력이 한껏 올라갑니다.
끈으로 사이즈 조절이 가능해 모든 반려동물에게 착용 가능합니다.
특별한 날은 물론, 일상 속에서도 기분 전환용 아이템으로 추천드립니다.

Knitting Supplies

사용한 실	롤리코튼 실
	01 크림	19 레몬크림	24 파파야	47 라벤더
	52 베이비블루	64 베이비민트
실 소요량	컬러 각 1볼씩 총 6볼로 넥카라 약 10개 제작
사용한 도구	코바늘 5호(3.0mm), 돗바늘, 단수표시링, 가위

037

사용된 코바늘 기법

⚬ p.17	✕ p.18	∨ p.24	△ p.24	⬬ p.21
사슬뜨기	짧은뜨기	짧은뜨기 두 코 늘려뜨기	짧은뜨기 두 코 모아뜨기	빼뜨기

반달 모티브 만들기

★ 시작 전 주의 사항

- 새 단을 시작할 때는 항상 기둥코를 만든 후, 기둥코는 제외하고 첫 코부터 떠 주세요.
- 아래의 반달 모티브를 여러 색깔로 총 5개 만들어 주세요. 또는 목둘레에 맞춰 더 많이 만드셔도 됩니다.

단 수	코 수
1단	5코
2~3단	7코
4~9단	9코
10단	21코

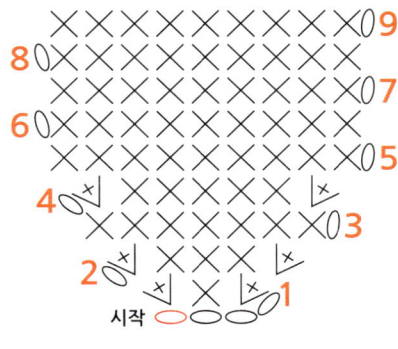

시작 사슬 : 3코

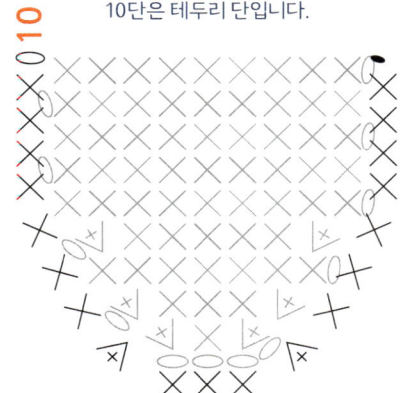

10단은 테두리 단입니다.

반달 모티브 연결&끈 만들기 사진 설명 p.40

끈은 사슬 50코를 만든 후, 두 번째 코부터 빼뜨기해 주세요.

반달 모티브를 연결해주며 끈을 만들어 주세요.

반달 모티브 연결&끈 만들기

1 도안을 참고하여 반달 모티브를 총 5개 만들어 주세요. 또는 목둘레에 맞춰 더 많이 만들어도 됩니다.

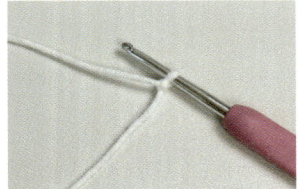

2 원하는 끈 색깔의 실을 가져와 코바늘에 연결해 주세요.

3 반달 모티브 10단의 마지막 빼뜨기 코에 코바늘을 넣어 주세요.

4 빼뜨기하여 실을 반달 모티브에 연결해 주세요.

5 사슬 1코 해 주세요.

6 실을 연결해줬던 코에 다시 코바늘을 넣어 주세요.

7 짧은뜨기 1코를 해 준 뒤, 단수 표시링을 짧은뜨기한 코에 걸어 주세요.

8 이어서 한 코씩 짧은뜨기를 반복해 주세요. 총 짧은뜨기 9코 더 반복해 주세요.

9 이어서 반달 모티브 10단의 첫 사슬 부분에 바늘을 넣어 주세요.

10 코바늘에 실을 걸어 코를 통과시켜 주세요. (미완성 짧은뜨기 상태를 만들어주면 됩니다.)

11 실을 통과 해 준 모습입니다.

12 다음 연결할 반달 모티브 10단의 마지막 빼뜨기 코에 코바늘을 넣어 주세요.

13 코바늘에 실을 걸어 코를 통과시켜 주세요. (미완성 짧은뜨기 상태를 만들어주면 됩니다.)

14 실을 통과 해 준 모습입니다. 코바늘에 총 3코가 걸려 있는 상태입니다.

15 코바늘에 실을 감아준 뒤, 바늘에 걸려있는 실 세 가닥을 모두 통과시켜 주세요.

16 실 세 가닥을 모두 통과시켜준 모습입니다. (짧은뜨기 두 코 모아뜨기를 해 준 모습입니다.)

17 이어서 옆 코에 코바늘을 넣어 짧은뜨기를 해 주세요.

18 짧은뜨기해 준 모습입니다. 이어서 짧은뜨기를 8코 더 반복해 주세요.

19 짧은뜨기를 총 9코 해 준 모습입니다.

20 10번부터 다시 반복해주며 반달 모티브를 전부 연결해 주세요.

21 반달 모티브를 다 연결해 준 모습입니다.

22 반달 모티브 10단의 첫 사슬 부분에 바늘을 넣어 주세요.

23 짧은뜨기 해 주세요.

24 이어서 바로 사슬 50코 해 주세요.

25 사슬 뒷부분의 코 산을 보이게 놔주세요. 그리고 첫 번째 코 산은 넘어가고 두 번째 코 산에 코바늘을 넣어 주세요.

26 두 번째 코 산에 코바늘을 넣어 준 모습입니다.

27 코바늘에 실을 감아 바늘에 걸려있는 실 두 가닥을 모두 통과시켜 주세요. (빼뜨기해 주세요.)

28 실을 통과시켜준 모습입니다. (빼뜨기해 준 모습입니다.)

29 이어서 다음 코 산에 코바늘을 넣어 빼뜨기를 해 주세요.

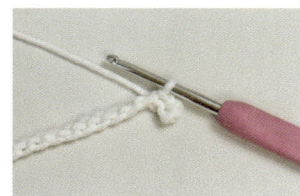

30 빼뜨기를 총 49코 해주시면 됩니다.

31 빼뜨기 49코를 다 해 준 모습입니다.

32 끈 사슬을 만들어주었던 코에 코바늘을 넣어 주세요.

33 짧은뜨기를 해 주세요.

34 짧은뜨기를 해 준 뒤, 그 다음 코부터 짧은뜨기를 한 코에 한 개씩 반복해 주세요.

35 맨 끝에 단수표시링 걸어둔 코까지 짧은뜨기를 반복해 주세요.

36 짧은뜨기를 단수표시링 있는 코까지 다 해 준 모습입니다.

37 반대쪽 끈 만든 것과 동일하게 사슬 50코를 한 후, 두 번째 코산 부터 빼뜨기를 각 코마다 총 49코 해 주세요.

38 빼뜨기를 모두 해 준 모습입니다.

39 단수표시링 있는 곳에 코바늘을 넣어 주세요.

40 빼뜨기를 해 준 뒤 실을 자르고 마무리 해 주세요.

41 완성된 모습입니다.

위의 QR코드로
들어가면 영상을
보실 수 있습니다.

난이도
★

#003

방울 목걸이

파스텔 톤의 동글동글한 뜨개 방울 다섯 개가 연결된 목걸이입니다.
배색을 자유롭게 구성해, 나만의 컬러 조합으로 개성을 담아낼 수 있어요.
기본적인 원형 모티브로 코바늘 초보자분들도 부담 없이 시작할 수 있는 작품입니다.

Knitting Supplies

사용한 실	아이돌 실
	1 크림	6 레모나	8 복숭아솜털	15 살빛
	30 물빠진데님	52 파스텔민트
실 소요량	컬러 각 1볼씩 총 6볼로 방울 목걸이 20개 이상 제작
사용한 도구	코바늘 5호(3.0mm), 돗바늘, 단수표시링, 가위
준비물	솜

사용된 코바늘 기법

○ p.17	× p.18	ᐯ p.24	ᐱ p.24	● p.21
사슬뜨기	짧은뜨기	짧은뜨기 두 코 늘려뜨기	짧은뜨기 두 코 모아뜨기	빼뜨기

방울 만들기

★ **시작 전 주의 사항**
- 매직링으로 시작하여 1단을 완성한 뒤, 링을 조여 고정해 주세요.(p.23 참조)
- 새 단을 시작할 때는 항상 기둥코를 만든 후, 기둥코는 제외하고 첫 코부터 떠 주세요.
- 7단부터는 p.45의 사진을 참고하여 만들어 주세요.

단 수	코 수
1단	6코
2단	12코
3~6단	18코
7단	12코
8단	6코

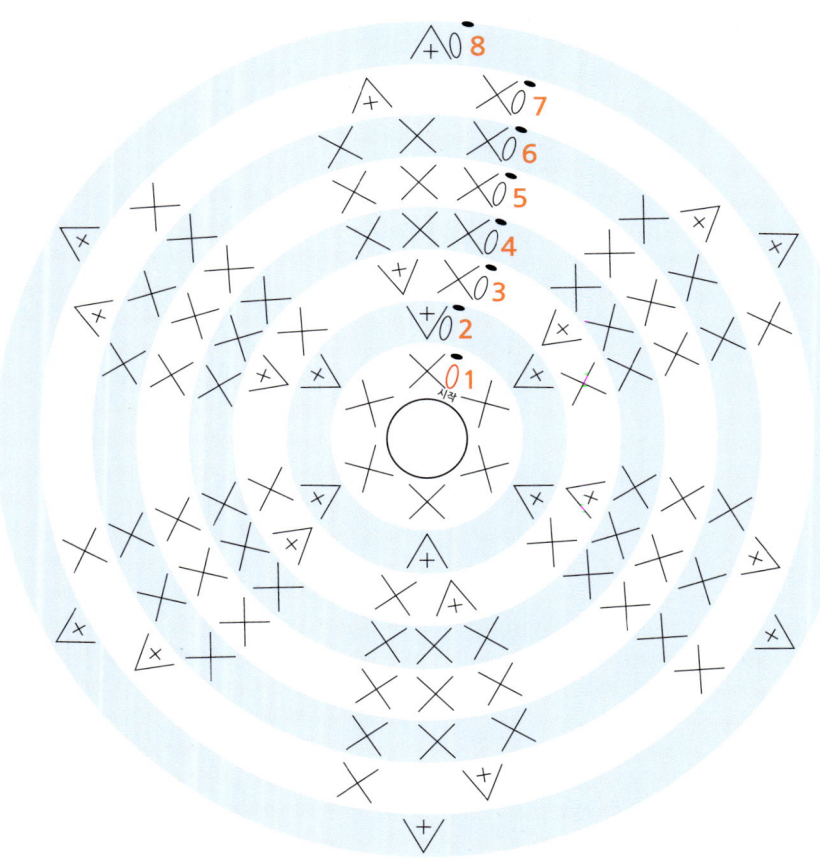

방울 만들기

1 p.44의 방울 만들기 도안을 참고하여 7단까지 완성한 모습입니다.

2 8단을 시작하기 전에 방울 안에 솜을 채워 주세요.

3 방울 만들기 도안을 참고하여 8단을 만들어 주세요.

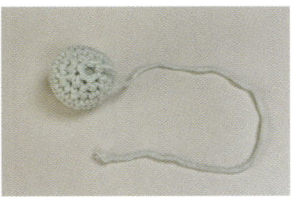

4 실을 10cm 남기고 잘라 주세요.

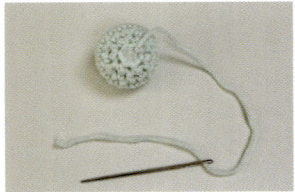

5 돗바늘에 실을 끼워 주세요.

6 첫 번째 코의 한 가닥에 바깥쪽에서 안쪽으로 돗바늘을 통과시켜 주세요.

7 두 번째 코도 바깥쪽에서 안쪽으로 바늘을 통과시켜 주세요. 여섯 번째 코까지 반복합니다.

8 여섯 번째 코까지 모두 통과시킨 모습입니다.

9 이제 실을 잡아당기면 가운데 틈이 좁아져 원형으로 완성됩니다.

10 실이 풀리지 않게 한 번 매듭을 지은 뒤, 사진과 같이 방울 사이로 바늘을 통과시켜 실을 숨겨 주세요.

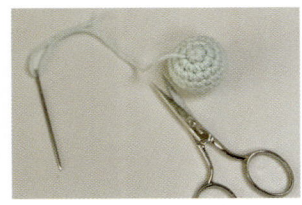

11 튀어나온 실은 가위로 잘라 주세요.

12 방울이 완성되었습니다. 색깔별로 방울 5개를 만들어 주세요.

끈 만들기

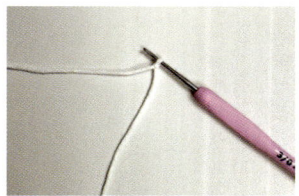 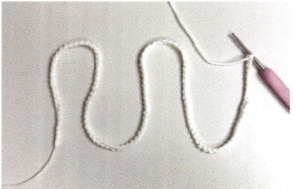 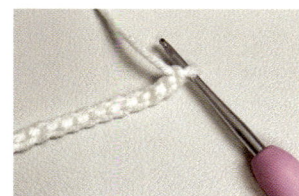 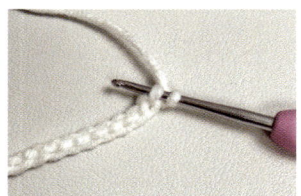

1 코바늘에 흰색 실을 연결해 주세요.

2 사슬 120코를 만들어 주세요.

3 사슬 뒤쪽의 코 산에 빼뜨기를 합니다. 첫 번째 코는 건너뛰고 두 번째 코부터 빼뜨기해 주세요.

4 두 번째 코에 바늘을 넣은 뒤, 바늘에 실을 감아 바늘에 걸린 실을 모두 통과시켜 주세요.

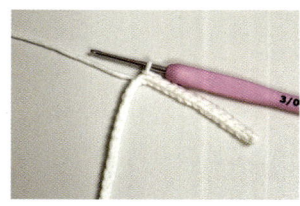 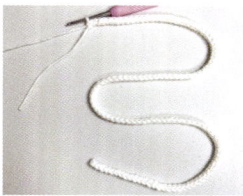

5 모든 코에 빼뜨기를 반복해 주세요.

6 끝까지 빼뜨기를 마친 모습입니다.

끈에 방울 연결하기

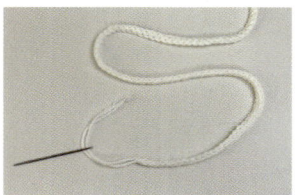   

1 사진과 같이 돗바늘에 실 두 가닥을 끼워 주세요.

2 완성된 방울의 5단과 6단 사이 틈에 바늘을 찔러 주세요. 5단과 6단 사이 어디든 상관없습니다.

3 사진과 같이 바늘을 방울 중간 부분이 직선이 되도록 통과시켜 주세요.

4 바늘을 통과시킨 모습입니다.

5 방울 5개 모두 통과시켜 주세요.

6 끈 끝부분은 두 번 묶어 잘라 주세요. 또는 돗바늘을 이용해 편물 사이사이에 숨겨 주셔도 됩니다.

6 완성된 모습입니다.

위의 QR코드로
들어가면 영상을
보실 수 있습니다.

난이도 ★★

#004

하트 체리 리본 목걸이

체리를 모티브로 한 귀여운 하트 체리 리본 목걸이입니다.
일반적인 체리 잎 대신, 짙은 녹색 리본을 매듭처럼 달아 사랑스러운 분위기를 더했고,
체리 열매는 하트 모양으로 만들어 더욱 특별한 포인트를 주었어요.
귀엽고 사랑스러운 스타일링을 원하는 날에 딱 어울리는 아이템 입니다.
하나뿐인 우리 아이에게 사랑을 담은 하트 체리를 선물해보세요!

Knitting Supplies

사용한 실	롤리코튼 실 ㅣ 01 크림 ㅣ 28 레드 ㅣ 74 그린
실 소요량	컬러 각 1볼씩 총 3볼로 목걸이 2~3개 제작
사용한 도구	코바늘 5호(3.0mm), 돗바늘, 단수표시링, 가위

사용된 코바늘 기법

○ p.17	× p.18	⋎ p.24	⋏ p.24	⊤ p.20	● p.21
사슬뜨기	짧은뜨기	짧은뜨기 두 코 늘려뜨기	짧은뜨기 두 코 모아뜨기	한길긴뜨기	빼뜨기

하트 만들기

★ **시작 전 주의 사항**

- A를 먼저 만든 후 실을 끊어내고, B를 만들어주세요.
- B를 3단까지 완성하고 A를 이어붙여 4단을 만들면 됩니다. p.52 설명을 참고해 주세요.
- 8단까지 완성 후 솜을 채워주세요.

단 수	코 수
1단	6코
2~3단	12코
4~5단	24코
6~7단	20코
8단	16코
9단	12코
10단	6코

리본 만들기

단수	코수
1~4단	30코

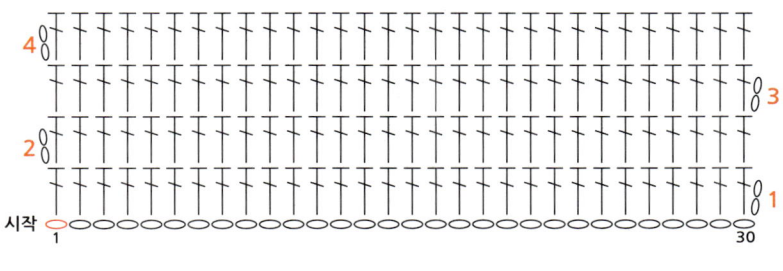

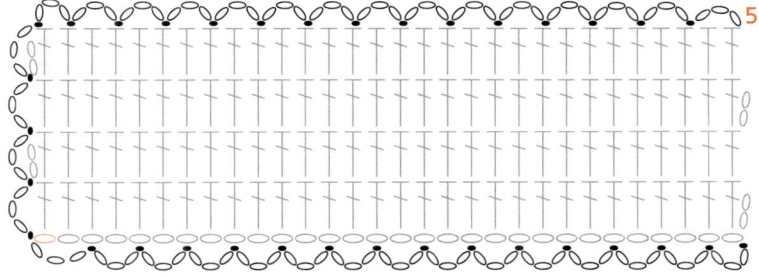

*5단이 끝난 후 실을 15cm 남기고 잘라주세요.

리본 가운데 만들기

단수	코수
1~13단	4코

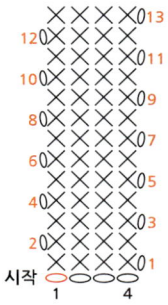

*13단이 끝난 후 실을 15cm 남기고 잘라주세요.

하트 만들기

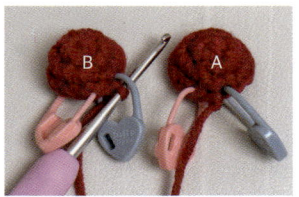

1 p.50의 도안을 참고하여 A와 B를 완성한 모습입니다. A는 3단까지 뜨고 실을 끊고, B는 실을 끊지 않습니다. 사진과 같이 3단의 첫 코와 마지막 코에 단수링을 걸어 주세요.

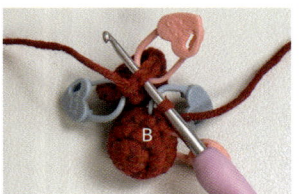

2 B를 3단까지 완성한 후 4단을 시작하기 전, A의 마지막 코에 빼뜨기하여 연결해 주세요.

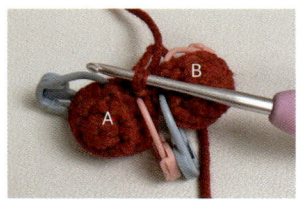

3 A에 빼뜨기를 마친 모습입니다.

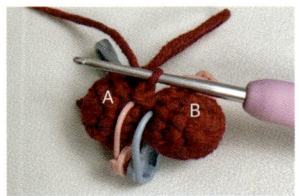

4 사슬 1코를 만들어 주세요.

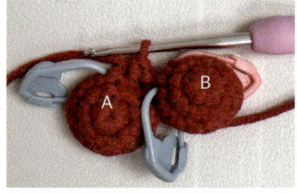

5 A에 빼뜨기했던 마지막 코에 바로 짧은뜨기 1코를 해 주세요.

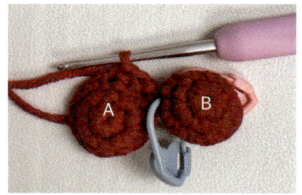

6 A의 각 코마다 짧은뜨기 1코씩 해 주세요.

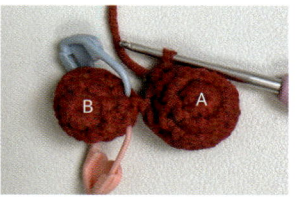

7 A의 각 코에 짧은뜨기 1코씩 마친 모습입니다.

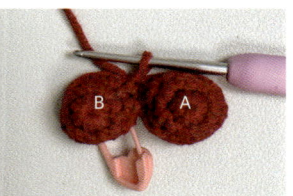

8 B의 첫 번째 코부터 짧은뜨기 1코씩 동일하게 해 주세요

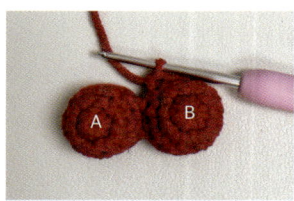

9 B에 짧은뜨기를 모두 마친 모습입니다.

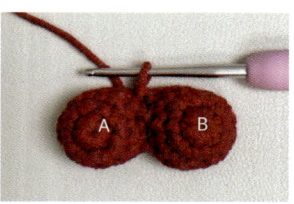

10 4단 첫 번째 코에 빼뜨기해 주세요.

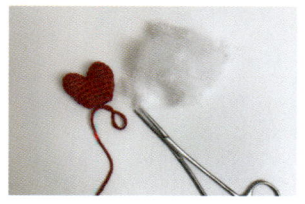

11 도안을 참고하여 9단까지 완성해 주세요. 그런 다음 솜을 넣어 주세요.

12 솜을 넣은 모습입니다.

13 도안을 참고하여 10단까지 완성한 후, 실을 끊어 돗바늘에 연결해 주세요.

14 솜이 부족하다면 솜을 추가한 뒤, 사진과 같이 구멍을 꿰매 주세요.

15 아래에서 위로, 오른쪽에서 왼쪽으로 바늘을 통과시켜 솜이 튀어나오지 않도록 구멍을 막아 주세요.

16 꿰맨 부분이 풀리지 않도록 매듭을 짓고, 사진과 같이 남은 실을 통과시켜 숨겨 주세요.

17 튀어나온 실은 가위로 잘라 주세요.

18 같은 방법으로 하트를 총 2개 만들어 주세요.

리본&하트 연결하기

1 '리본 만들기' 도안을 참고하여 만들어 주세요. 그런 다음 실을 돗바늘에 끼워 주세요.

2 사진과 같이 리본 양쪽을 접어 주세요.

3 리본 양 끝을 연결해 주세요. 사진과 같이 바늘을 아래에서 위로 통과시켜 주세요.

4 계속해서 바늘을 아래에서 위로 통과시켜 편물을 이어 주세요.

5 편물 양 끝을 모두 이어 준 모습입니다.

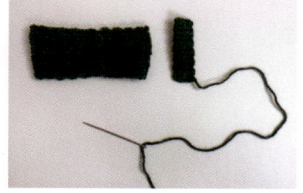

6 '리본 가운데 만들기' 도안을 참고하여 만들어 주세요. 그런 다음 돗바늘에 실을 연결해 주세요.

7 사진과 같이 리본을 반으로 접어주세요.

8 중간에 리본 가운데 끈을 올려 주세요.

9 첫 번째 코부터 바늘을 아래에서 위로 통과시켜 편물을 연결해 주세요.

10 편물이 연결될 때까지 반복해 주세요.

11 편물이 모두 연결되면 풀리지 않도록 매듭을 지어 주세요.

12 실을 모두 숨긴 후, 튀어나온 실은 가위로 잘라 마무리해 주세요.

13 완성된 모습입니다.

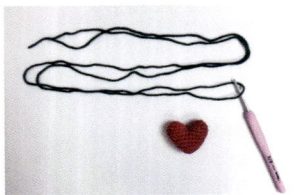
14 초록색 실을 120cm로 잘라 반으로 접어 주세요.

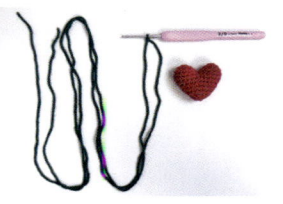
15 반 접은 부분에 매듭 짓기 (p.16)해 주세요.

16 완성된 하트 윗부분에 사진과 같이 코바늘로 편물을 약간 잡아 주세요.

17 빼뜨기 하여 바늘에 걸린 초록색 실을 연결해 주세요.

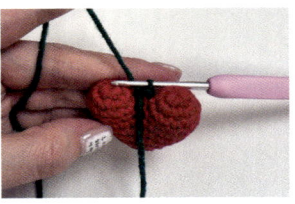
18 초록색 실을 사진과 같이 밑실과 윗실로 나눠 주세요.

19 밑실을 먼저 바늘 바깥쪽에서 안쪽으로 한 바퀴 감아 주세요.

20 그다음 바늘에 윗실을 걸어, 바늘에 걸린 실을 모두 통과시켜 주세요.

21 통과시킨 모습입니다.

22 다시 반복해 주세요. 밑실을 바늘 바깥쪽에서 안쪽으로 한 바퀴 감아 주세요.

23 그다음 바늘에 윗실을 걸어, 바늘에 걸린 실을 모두 통과시켜 주세요.

24 통과시킨 모습입니다.

25 25코가 되도록 반복해 주세요.

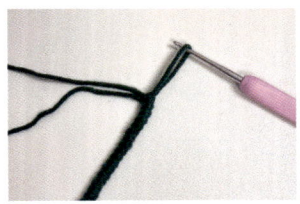
26 25코가 완성되면, 코바늘에 걸린 실을 길게 늘려 주세요.

27 리본 가운데 끈 부분에 사진과 같이 코바늘을 오른쪽에서 왼쪽으로 통과시킨 뒤, 방금 만들었던 끈을 왼쪽에서 오른쪽으로 통과시켜 가져오세요.

28 통과시킨 모습입니다.

29 나머지 하트를 준비해 주세요.

30 아까와 동일하게 하트 윗부분 중앙에 코바늘로 편물을 약간 통과시켜 주세요.

31 빼뜨기 하여 초록색 실을 연결해 주세요.

32 초록색 실이 하트 윗부분에 연결된 모습입니다.

33 초록색 실 두 가닥을 함께 잡아 주세요.

34 초록색 실 두 가닥을 사진과 같이 코바늘에 걸어 통과시켜 주세요.

35 초록색 실이 연결된 모습입니다.

36 두 가닥의 실을 한 번에 돗바늘에 연결해 주세요.

37 사진과 같이 하트 중간에 넣어 실을 숨겨 주세요.

38 숨기고 남은 실은 잘라 주세요.

끈 만들기

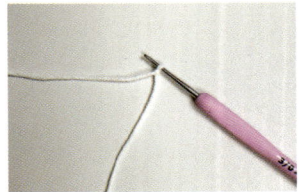

1 코바늘에 흰색 실을 연결 해주세요.

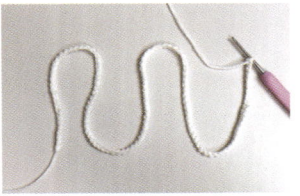

2 사슬 120코를 만들어 주세요.

3 사슬 뒤쪽의 코산에 빼뜨기를 해 주세요. 첫 번째 코는 건너뛰고 두 번째 코부터 빼뜨기해 주세요.

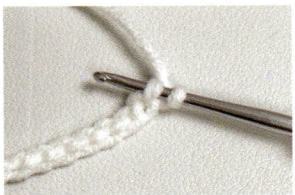

4 두 번째 코에 바늘을 넣은 모습입니다. 그대로 실을 걸어, 바늘에 걸린 실을 모두 통과시켜 주세요.

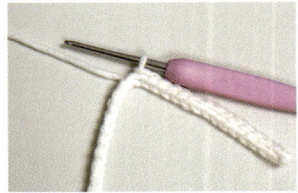

5 모든 코에 빼뜨기를 반복해 주세요.

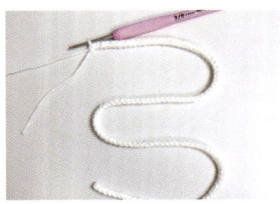

6 끝까지 빼뜨기한 모습입니다.

7 만든 흰색 끈의 실에 돗바늘을 연결해 주세요.

8 사진과 같이 리본 가운데 부분에 통과시켜 주세요.

9 통과시킨 모습입니다.

10 남은 실은 끈 사이에 숨긴 뒤 잘라 마무리해 주세요. 완성된 모습입니다.

하트 체리 리본 목걸이

위의 QR코드로
들어가면 영상을
보실 수 있습니다.

난이도 ★★

#005

이어 슈슈

장모종 강아지들의 귀를 산뜻하게 지켜주는 귀염뽀작 아이템!
이어 슈슈는 축 처지는 귀를 부드럽게 들어 올려 통풍을 도와주고, 식사 시 귀털이
음식에 닿는 것을 방지해 위생 관리에도 탁월해요. 프릴 모양의 러블리한 디자인으로
귀에 살짝 걸쳐주면 스타일링도 가능해요. 부드러운 실로 만들어져 자극 없이 사용 가능하고,
끈 조절이 가능해 다양한 머리둘레에 맞출 수 있어요.

Knitting Supplies

사용한 실	아이돌 실 | 1 크림 | 52 파스텔민트
실 소요량	컬러 각 1볼씩 총 2볼로 이어슈슈 1개 제작
사용한 도구	코바늘 5호(3.0mm), 돗바늘, 단수표시링, 가위, 일반 바늘
준비물	스토퍼, 단추

사용된 코바늘 기법

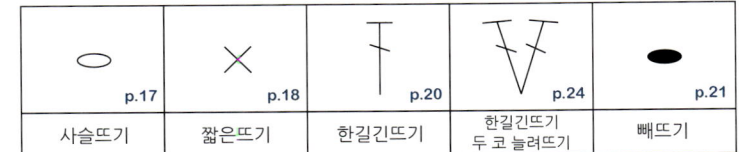

사슬뜨기	짧은뜨기	한길긴뜨기	한길긴뜨기 두 코 늘려뜨기	빼뜨기
p.17	p.18	p.20	p.24	p.21

이어 슈슈 만들기

★ 시작 전 주의 사항

- 사이즈별 시작 사슬코에 맞게 사슬을 만든 뒤, 첫 코에 빼뜨기하여 원형으로 만들어 주세요.
- 사슬을 만든 후, A 부분을 먼저 완성하고 실을 끊어 주세요.
  그다음 실을 새로 연결하여 B 부분을 완성해 주세요.
- 짧은뜨기 단은 테두리 단이므로 포인트 컬러 실로 교체해 만들면 더욱 좋습니다.
- 양쪽 귀에 사용해야 하므로 총 2개를 만들어 주세요.

S~M size

단 수	코 수
1단	20코
2단	40코
3~4단	80코

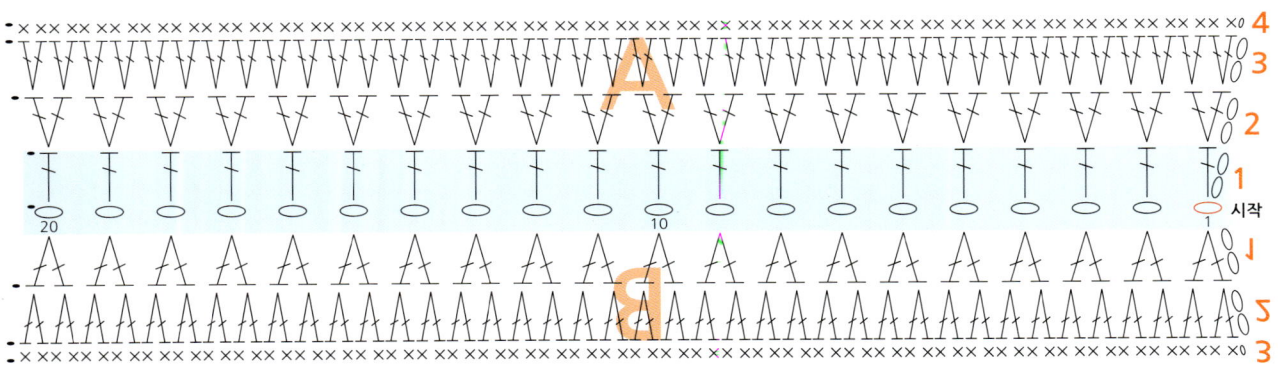

단 수	코 수
1단	40코
2~3단	80코

L~XL size

단 수	코 수
1단	30코
2단	60코
3~4단	120코

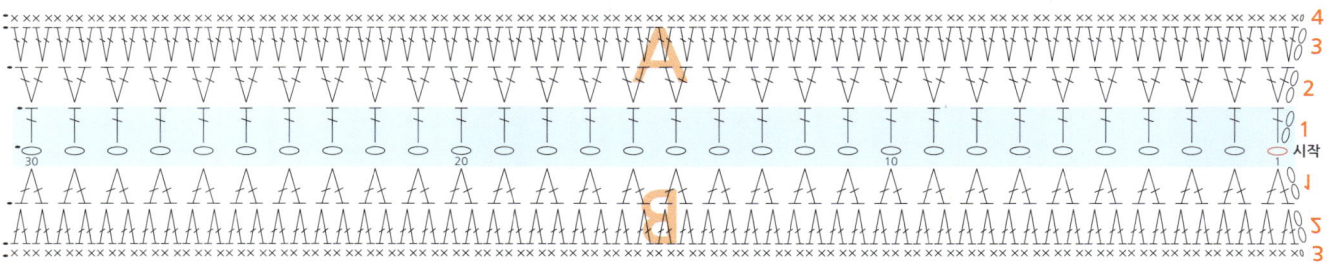

단 수	코 수
1단	60코
2~3단	120코

단추 고리만들기

1 p.60~61을 참고하여 이어슈슈 2개를 만들어준 모습입니다.

2 코바늘에 매듭 짓기(p.16)해 주세요.

3 사진과 같이 이어슈슈 한쪽의 아랫단 아무 코에 코바늘을 넣고 빼뜨기 하여 실을 연결해 주세요.

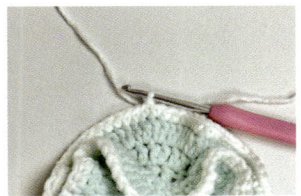

4 실이 연결된 모습입니다.

5 S~M 사이즈 : 사슬 10코
L~XL 사이즈 : 사슬 15코
각 사이즈에 맞게 사슬을 만들어 주세요.

6 6번째 코 산에 빼뜨기해 주세요. (단추 구멍이기 때문에 단추 사이즈에 맞게 조절해주셔도 됩니다.)

7 빼뜨기해 준 모습입니다. (단추가 통과하는지 확인해 주세요.)

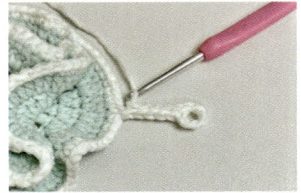

8 남은 코 산에도 빼뜨기를 해 주세요.

9 마지막 코 산까지 빼뜨기를 해 주었으면 시작했던 부분에 다시 빼뜨기를 하여 마무리해 주세요.

10 사진과 같이 반대쪽 이어 슈슈 아랫단에 단추를 연결해 주세요.

끈 만들기

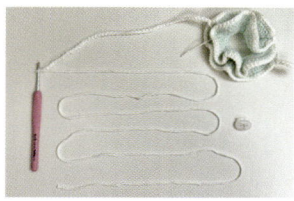
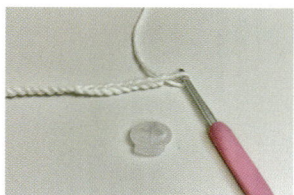
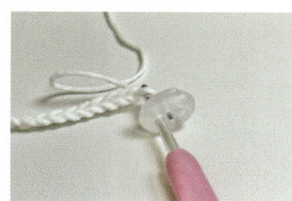
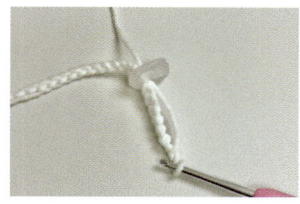

1 단추 고리를 만들어 준 곳에서 수직으로 내린 곳에 실을 다시 연결해 주세요.
(스토퍼가 없으면 양쪽에 끈을 만들어 리본으로 묶어주어도 돼요)

2 S~M 사이즈 : 사슬 55개
L~XL 사이즈 : 사슬 65개
각 사이즈에 맞게 사슬을 만들어 주세요. 그리고 만들어 준 사슬 길이의 6배가 되는 실을 남기고 잘라 주세요.

3 코바늘을 실에서 빼고 스토퍼 구멍에 코바늘을 넣고 실을 다시 걸어 주세요.

4 코바늘을 이용하여 실을 끌어와 스토퍼 구멍을 통과시켜 주세요.

5 사진과 같이 반대쪽 구멍에도 실을 끌어와 통과시켜 주세요.

6 남긴 실들도 스토퍼에 걸리지 않게 모두 통과시켜 주세요.

7 반대쪽 이어 슈슈를 가져와 단추 연결한 곳에서 수직으로 내린 곳에 코바늘을 넣어 주세요.

8 빼뜨기로 연결해 주세요.

9 빼뜨기해 준 모습입니다.

10 만들어 준 사슬의 코 산에 빼뜨기해 주세요.

11 스토퍼를 옆으로 이동시키면서 빼뜨기를 사슬의 절반 이상 해 주세요.

12 코바늘을 실에서 빼고 실이 풀리지 않게 사진처럼 실을 길게 빼 주세요.

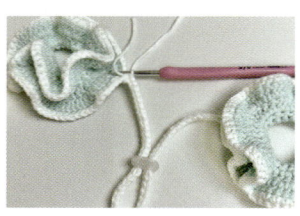

13 빼뜨기해 준 부분으로 스토퍼를 이동시키고, 코바늘로 남은 사슬도 마저 빼뜨기를 해주면 됩니다.

14 끝까지 빼뜨기를 해 준 모습입니다.

15 사슬 시작했던 부분에 빼뜨기를 하고 마무리해 주세요.

16 완성된 모습입니다.

위의 QR코드로
들어가면 영상을
보실 수 있습니다.

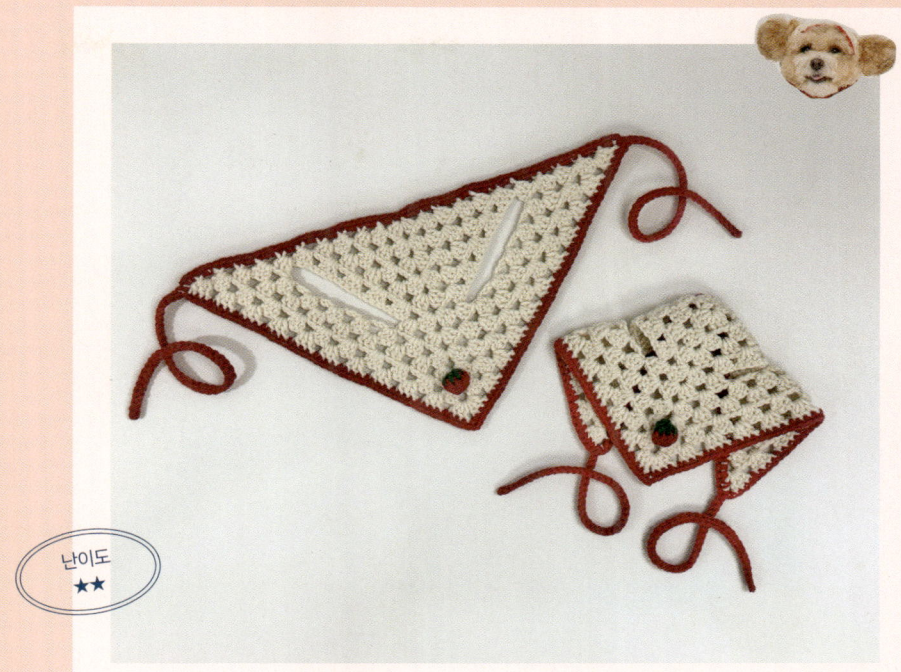

난이도
★★

#006

꼬마 요정 딸기 두건

귀여운 딸기 장식이 포인트인 코바늘 두건입니다.
클래식한 그래니 스퀘어 기법으로 제작되어 따뜻해 보이면서도 통기성이 좋아 실용적이에요.
양쪽에 귀를 뺄 수 있는 구멍이 있고, 리본 끈으로 간편하게 착용할 수 있어요.
딸기 두건을 직접 만들어, 우리 아이를 사랑스러운 꼬마 요정으로 변신시켜 보아요!

Knitting Supplies

사용한 실   롤리코튼 실 | 03 레이스 | 28 레드 | 74 그린
실 소요량   컬러 각 1볼씩 총 3볼로 케이프 2~3개 제작
사용한 도구   코바늘 5호(3.0mm), 돗바늘, 단수표시링, 가위

사용된 코바늘 기법

p.17	p.18	p.20	p.24	p.24	p.24	p.21
사슬뜨기	짧은뜨기	한길긴뜨기	한길긴뜨기 두 코 늘려뜨기	한길긴뜨기 세 코 늘려뜨기	긴뜨기 다섯 코 모아뜨기	빼뜨기

두건 만들기

★ 시작 전 주의 사항

- 매직링으로 시작하여 1단을 완성한 뒤, 링을 조여 고정해 주세요.
- 단이 시작할 때의 기둥 사슬 3개는 한길긴뜨기 1코로 간주합니다.
- 9단(S 사이즈)/11단(M 사이즈)/13단(L 사이즈)까지 뜬 후, 실 색을 바꾸어 끈과 테두리 부분을 완성해 주세요.
- 끈과 테두리는 파란색으로 표시된 빨간 사슬 부분부터 시작해 만들어 주세요.

귀 사이 길이

사이즈	귀 사이 길이
S	4~6cm
M	7~8cm
L	9~11cm

S size

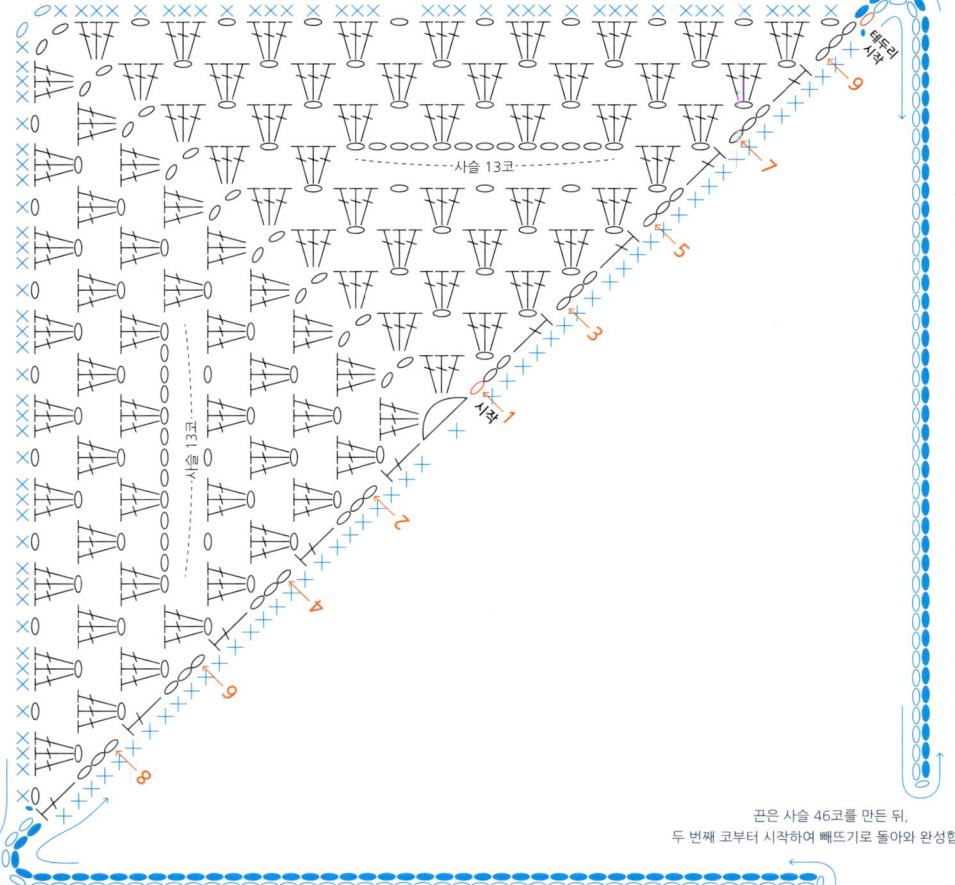

단 수	코 수
1단	12코
2단	20코
3단	28코
4단	36코
5단	44코
6단	52코
7단	60코
8단	68코
9단	76코

끈은 사슬 46코를 만든 뒤, 두 번째 코부터 시작하여 빼뜨기로 돌아와 완성합니다.

M size

단수	코수
1단	12코
2단	20코
3단	28코
4단	36코
5단	44코

단수	코수
6단	52코
7단	60코
8단	68코
9단	76코
10단	84코
11단	92코

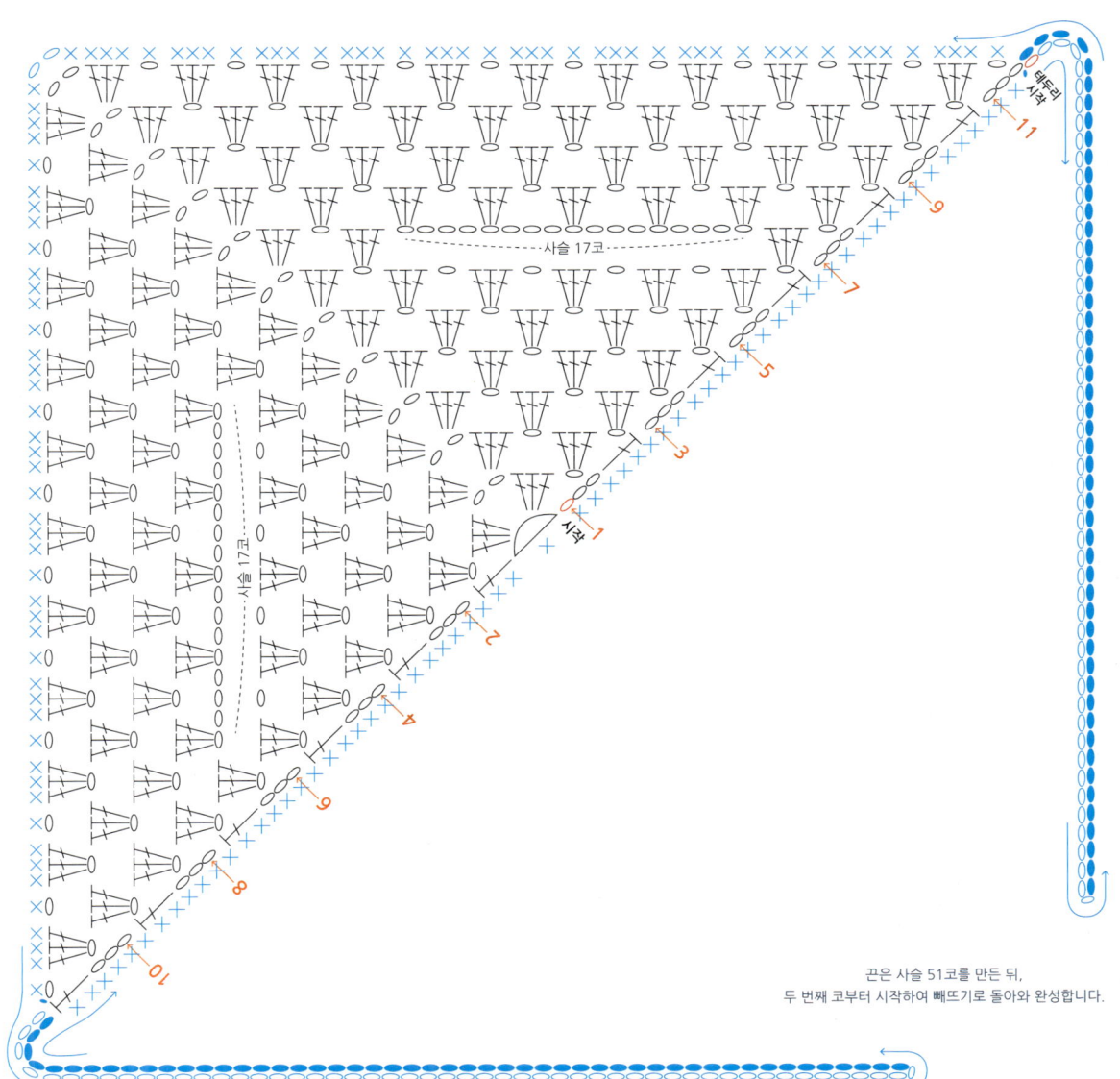

끈은 사슬 51코를 만든 뒤,
두 번째 코부터 시작하여 빼뜨기로 돌아와 완성합니다.

L size

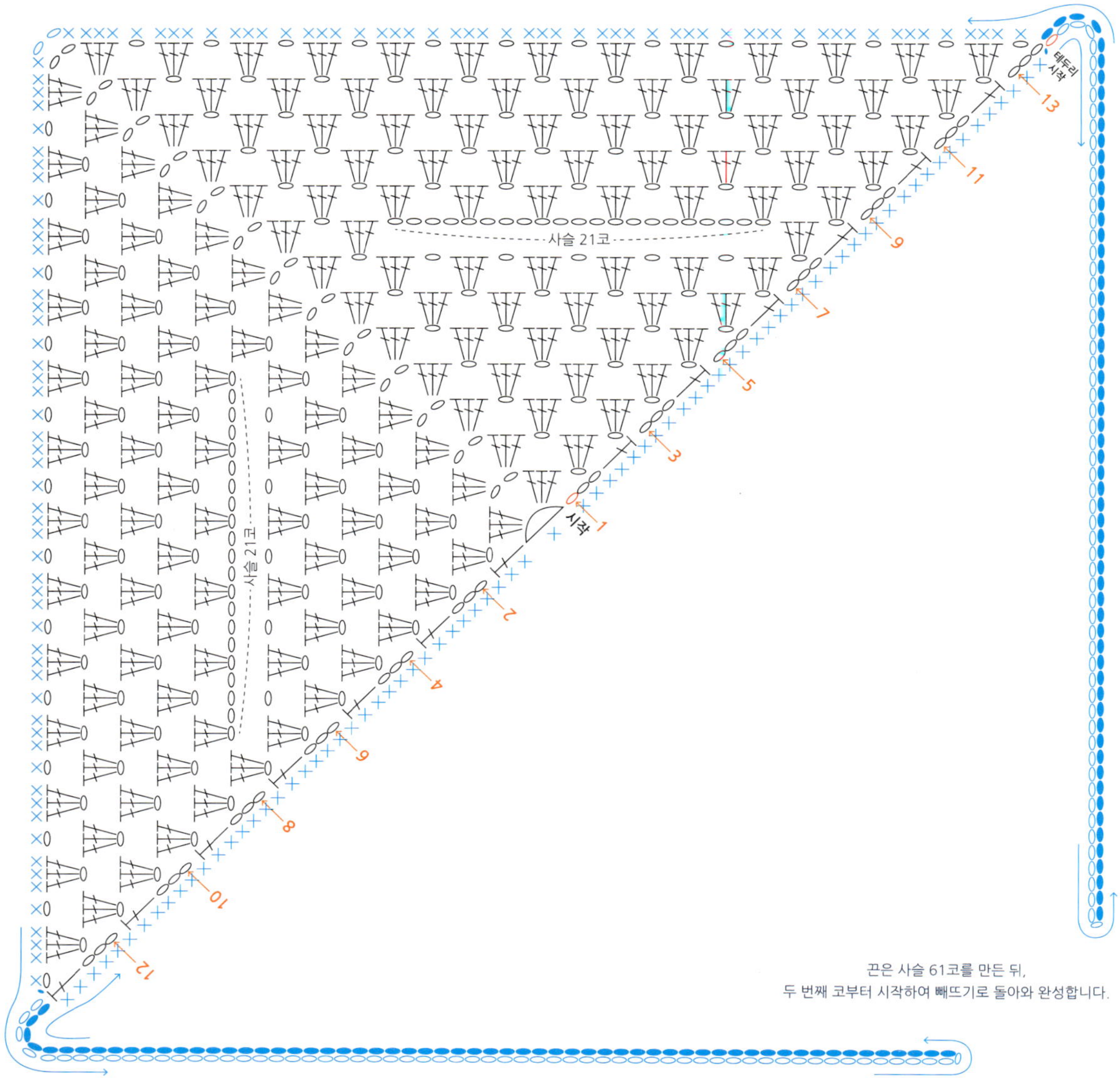

사슬 21코

사슬 21코

끈은 사슬 61코를 만든 뒤,
두 번째 코부터 시작하여 빼뜨기로 돌아와 완성합니다.

단수	코수
1단	12코
2단	20코
3단	28코
4단	36코
5단	44코
6단	52코

단수	코수
7단	60코
8단	68코
9단	76코
10단	84코
11단	92코
12단	100코
13단	108코

딸기 장식 만들기

사진 설명 p.69

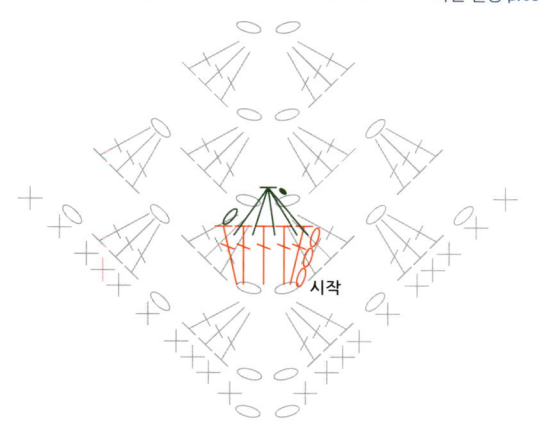

딸기 장식 만들기

1 딸기를 만들어줄 빨간 실을 바늘에 매듭 짓기(p.16)한 뒤, 사진을 참고하여 두건 맨 끝단 앞쪽 모서리에 빼뜨기하여 실을 연결해줍니다.

2 빼뜨기한 모습입니다.

3 이어서 바로 사슬 3코를 만들어 주세요.

4 실을 코바늘에 감아 한길긴뜨기를 준비합니다.

5 처음 빼뜨기했던 자리에 바늘을 다시 넣어 주세요.

6 바늘에 실을 한 번 더 감아 통과시킨 후, 실을 길게 늘어뜨려 주세요.

7 그 상태로 한길긴뜨기를 완해 주세요.

8 길게 늘어진 한길긴뜨기가 완성된 모습입니다.

9 길게 늘어진 한길긴뜨기를 4번 더 반복하여 주세요. (처음에 만든 기둥 사슬 3코를 포함하면 총 6코가 완성됩니다.)

10 사진과 같이 실을 잘라 주세요.

11 이어서 바늘을 빼 주세요.

12 사진과 같은 곳에 바늘을 다시 넣어 주세요.

13 초록색 실(딸기 꼭지 색상)을 준비해 사진처럼 위치에 놓아 주세요.

14 그대로 초록색 실을 바늘로 끌어와 통과시켜 주세요.

15 이어서 바로 사슬 1코를 떠 주세요.

16 아까 잘라둔 빨간 실의 끝을 잡아당겨 주세요.

17 그다음, 편물을 사진과 같이 돌려 주세요.

18 코바늘에 실을 감아 긴뜨기 모아뜨기를 준비합니다.

19 사진을 참고하여, 아랫단 한길 긴뜨기 기둥 사이(몸통 부분)에 바늘을 넣어 주세요.

20 바늘에 실을 한 번 더 감아 끌고 나온 뒤, 실을 길게 늘어뜨려 주세요.

21 다시 바늘에 실을 감아 주세요.

22 이전에 찔렀던 한길긴뜨기 몸통 바로 옆에 바늘을 넣어 주세요.

23 이전과 동일하게 바늘에 실을 한 번 더 감아 끌고 나온 뒤, 실을 길게 늘어뜨려 주세요.

24 이 동작을 총 5회 반복해 주세요.

25 바늘에 실을 감아, 바늘에 걸려 있는 모든 실을 한 번에 통과시켜 주세요. 긴뜨기 5코 모아뜨기입니다.

26 모아뜨기를 완료한 후, 사진에 화살표로 표시된 부분에 바늘을 넣어 주세요.

27 빼뜨기로 연결해 주세요.

28 마무리로 사슬 한 코를 해 주세요.

29 사슬 한 코를 만든 후, 실을 잘라 마무리해 주세요.

완성된 모습입니다.

위의 QR코드로 들어가면 영상을 보실 수 있습니다.

난이도
★★★

#007
큐피드 스티치 케이프

강렬한 투톤 배색과 하트 모티브가 포인트인 케이프입니다.
넥 라인을 따라 포인트 테두리를 넣어주고, 하트 모티브를 꿰매어 러블리한 분위기를 더했어요.
색상 조합에 따라 전혀 다른 무드로 완성할 수 있는 디자인입니다. 끈으로 되어 있어 착용이 편하며,
사이즈 조절도 가능해 여러 반려동물에게 활용할 수 있습니다.

Knitting Supplies

사용한 실	아이돌 실
	2 꺼멍 | 8 복숭아솜털
실 소요량	컬러 각 1볼씩 총 2볼로 케이프 2~3개 제작
사용한 도구	코바늘 5호(3.0mm), 돗바늘, 단수표시링, 가위

사용된 코바늘 기법

○ p.17	× p.18	V̇ p.24	⊤ p.20	V p.24	A p.24	⊤ (5번 설명부터) p.134	● p.21
사슬뜨기	짧은뜨기	짧은뜨기 두 코 늘려뜨기	한길긴뜨기	한길긴뜨기 두 코 늘려뜨기	한길긴뜨기 두 코 모아뜨기	두길긴뜨기	빼뜨기

케이프 만들기

★ 시작 전 주의 사항

- 새 단을 시작할 때는 항상 기둥코를 만든 후, 기둥코는 제외하고 첫 코부터 떠 주세요.
- 6단(S~M 사이즈)/8단(L~XL 사이즈)은 테두리를 정리하는 단입니다. 5단(S~M 사이즈)/7단(L~XL 사이즈)까지 완성한 후, 전체를 짧은뜨기로 한 바퀴 떠서 마무리해 주세요.

단 수	코 수
1단	48코
2단	53코
3단	58코
4단	63코
5단	68코

S~M size

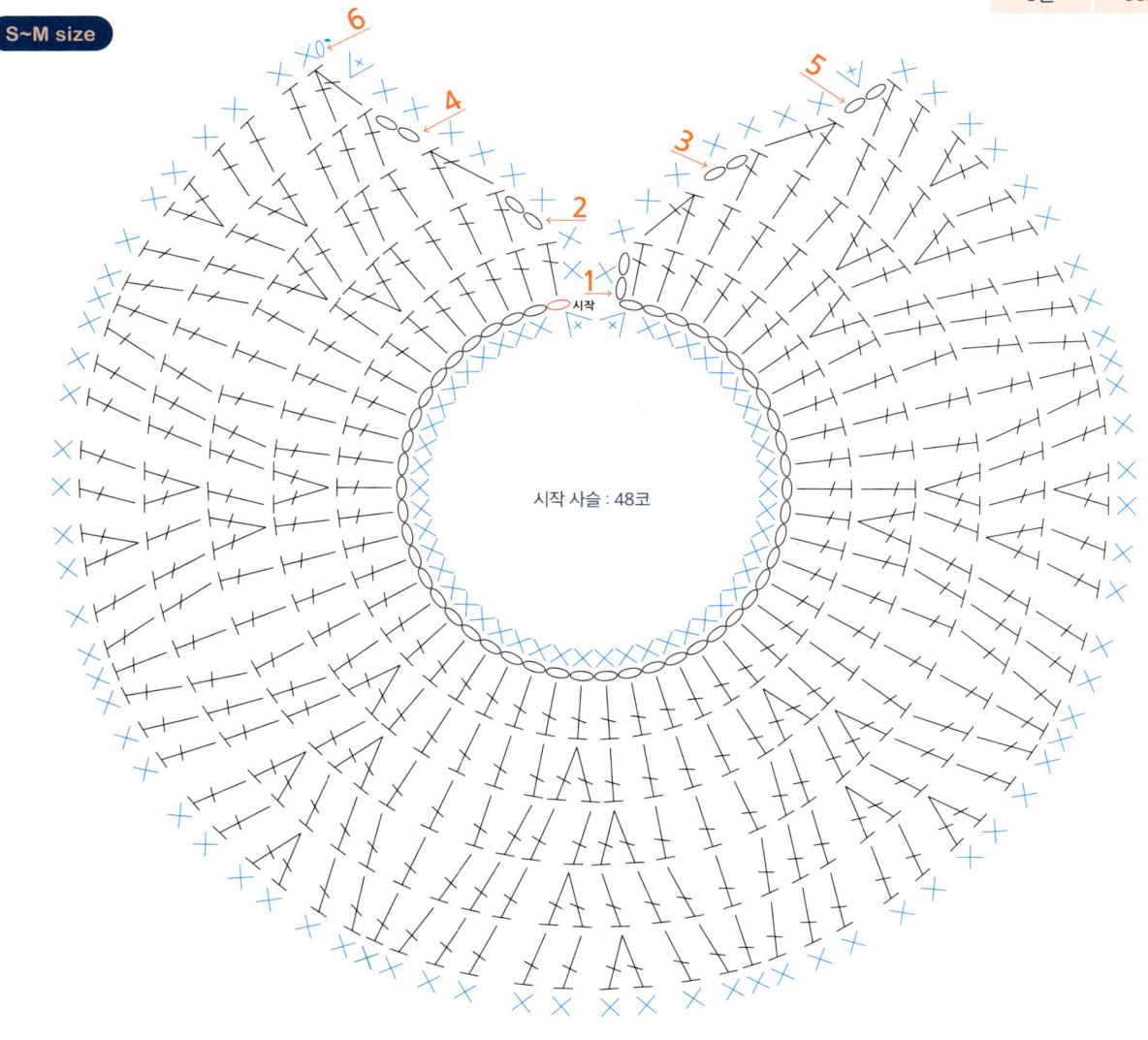

시작 사슬 : 48코

L~XL size

단수	코수
1단	60코
2단	67코
3단	74코
4단	81코
5단	88코
6단	97코
7단	104코

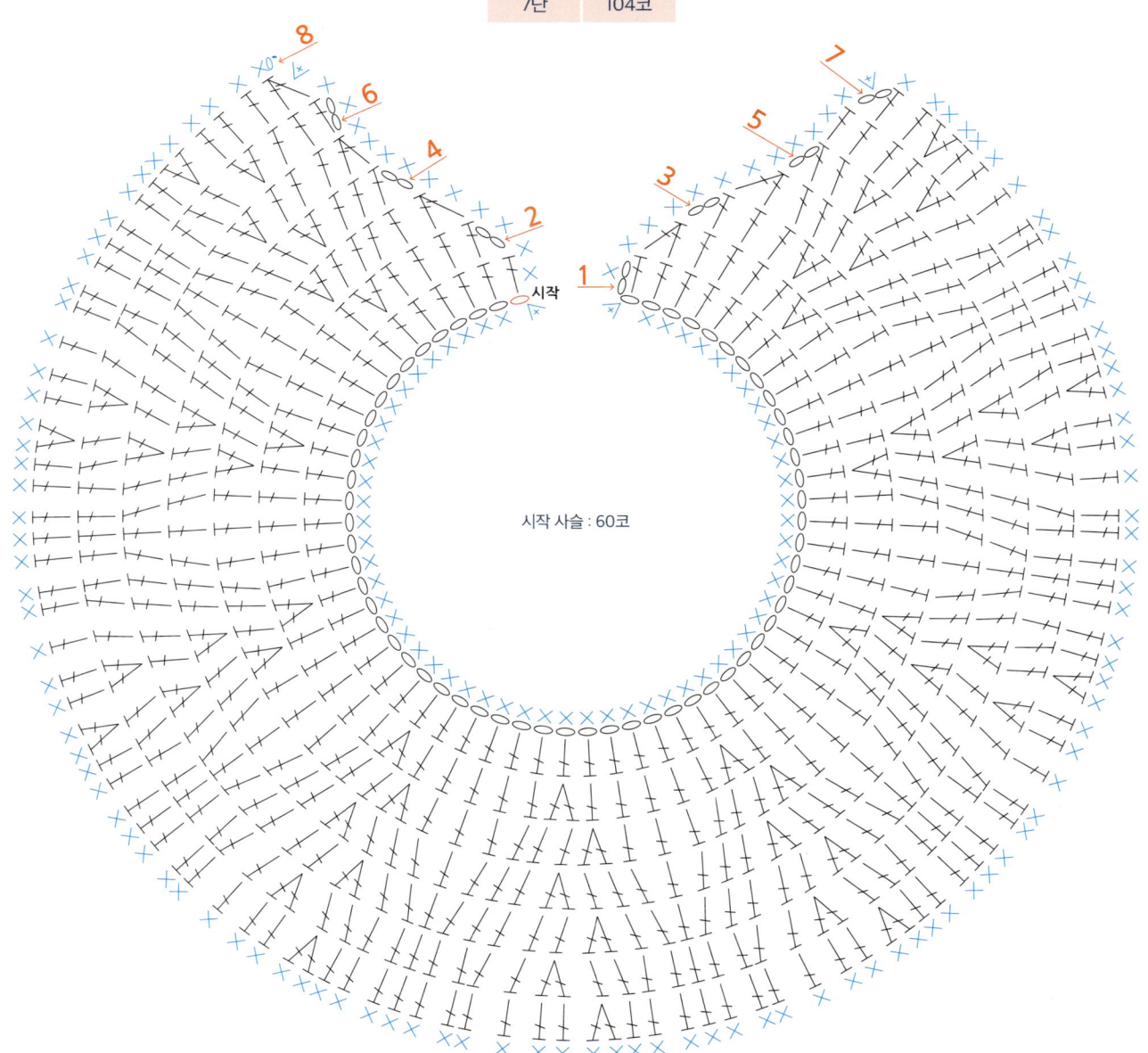

시작 사슬 : 60코

하트 만들기

- 1단이 완성되면 매직링의 남은 실을 당겨 중심의 구멍을 조여 주세요(p.23 참고).
- 하트를 케이프에 연결할 수 있도록, 마지막 빼뜨기를 한 뒤 실을 넉넉히 남겨 잘라 주세요.

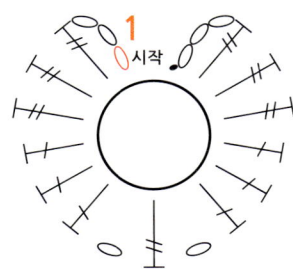

테두리 포인트 & 끈 만들기   사진 설명 p.77

- p.77의 과정 사진을 참고하여 만들어보세요.

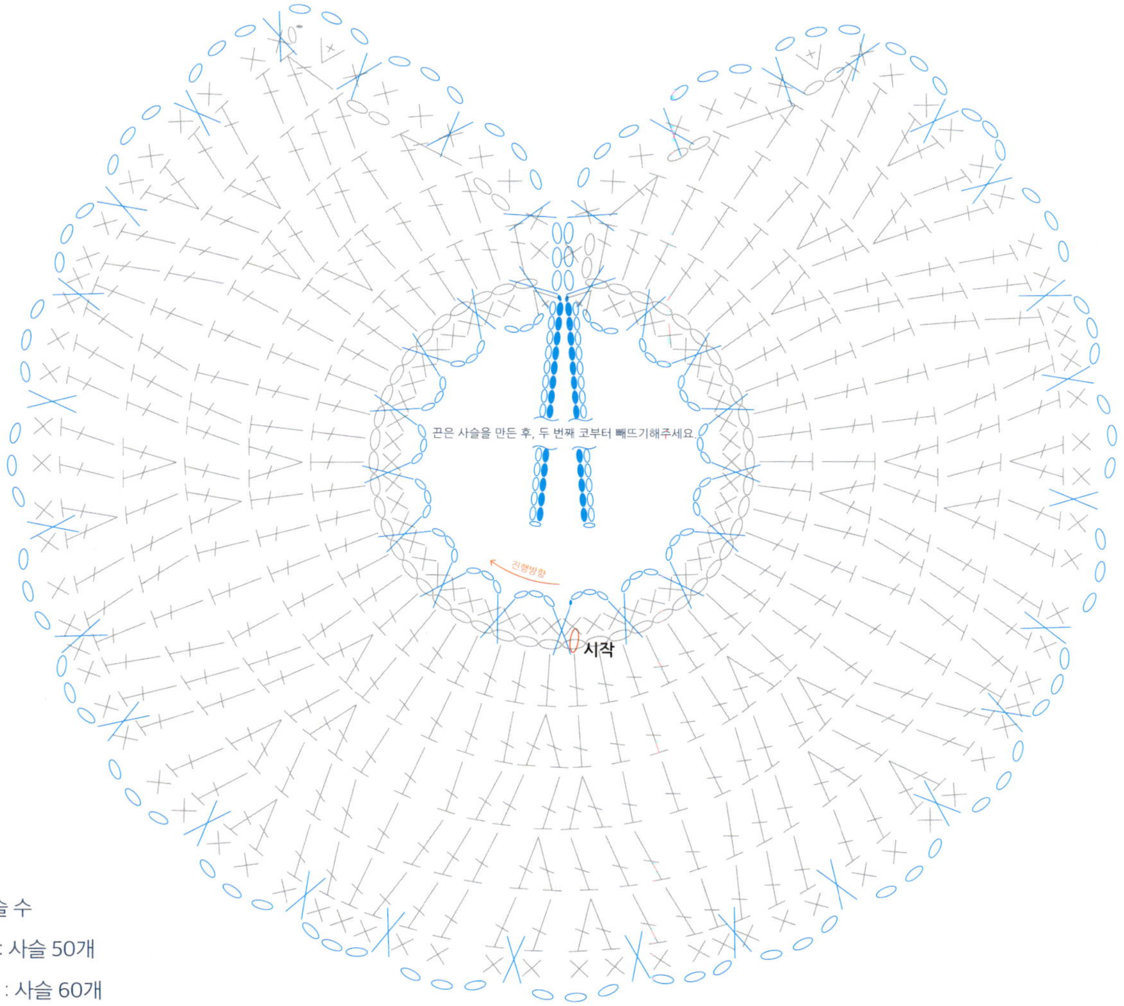

끈 사슬 수
*S~M : 사슬 50개
*L~XL : 사슬 60개

테두리 포인트 & 끈 만들기

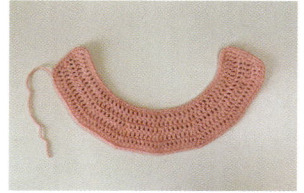

1 p.74, 75의 도안을 참고하여 케이프를 완성해 주세요.

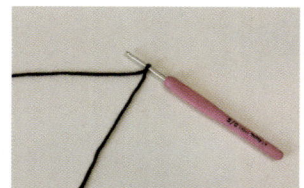

2 테두리에 포인트를 줄 실을 준비해 코바늘에매듭 짓기(p.16) 해 주세요.

3 케이프의 목 부분 중앙쯤에서 테두리 작업을 시작합니다. 정확한 위치는 크게 중요하지 않으므로, 편한 곳에서 시작해 주세요.

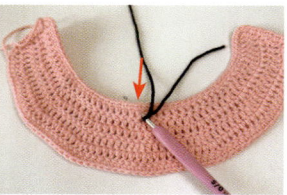

4 중간 지점을 정했다면, 짧은뜨기 바로 아래에 있는 한길긴뜨기의 몸통 사이로 코바늘을 찔러 넣어 주세요.

5 코바늘에 실을 한 번 감은 뒤, 앞서 찔러 넣었던 한길긴뜨기 몸통 사이를 통과시켜 주세요.

6 통과시킨 실을 짧은뜨기 윗부분 높이까지 길게 끌어올려 주세요.

7 코바늘에 실을 한 번 감은 뒤, 바늘에 걸린 두 가닥의 실을 한 번에 통과시켜 주세요.

8 이렇게 실을 통과시켜주면 짧은뜨기가 완성됩니다.

9 이어서 사슬 3코를 만들어 주세요. 이어서 한길긴뜨기 몸통 3개를 건너뛴 후, 네 번째 몸통 사이에 코바늘을 찔러 넣어 테두리 작업을 이어갑니다.

10 한길긴뜨기 몸통 사이에 코바늘을 찔러 넣은 모습입니다.

11 앞서와 동일한 방법으로 짧은뜨기를 해 주세요.

12 앞서 설명한 방법을 사진과 함께 참고해 반복해 주세요.

13 모서리에서는 끈을 만들어 줄 거예요. 사진과 같은 위치까지 테두리를 완성한 뒤, 바로 사슬뜨기로 끈을 만들어 주세요.
*S~M : 사슬 50개
*L~XL : 사슬 60개

14 안내된 사슬 수에 맞춰 사슬뜨기를 모두 완료한 모습입니다.

15 완성한 사슬의 뒷면 코 산을 따라 빼뜨기를 해주면 끈이 만들어집니다. 이때 첫 번째 코 산은 기둥 코로 보고 건너뛰고, 두 번째 코 산부터 코바늘을 찔러 넣어 작업을 시작해 주세요.

16 사슬에 빼뜨기를 하여, 다시 모서리 지점까지 돌아온 상태입니다.

17 끈 사슬이 시작되었던 짧은뜨기 자리에 다시 코바늘을 찔러 넣어 주세요.

18 코바늘을 찔러 넣은 뒤, 빼뜨기를 하여 끈을 완성합니다.

19 이제 다시 테두리 패턴을 반복해 주세요. 사슬 3코를 만든 뒤, 짧은뜨기를 이어갑니다.

20 위의 사진을 참고하여 같은 방법으로 테두리 작업을 계속 진행해 주세요.

21 위의 사진을 참고하여 반대쪽 모서리까지 테두리를 완성해 주세요.

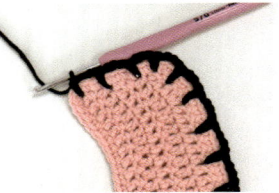

22 이전과 같은 방식으로 끈을 만들어 주세요.
*S~M : 사슬 50개
*L~XL : 사슬 60개

23 끈을 완성한 모습입니다.

24 끈 사슬이 시작되었던 짧은뜨기 자리에 다시 코바늘을 찔러 넣어 주세요.

25 코바늘을 찔러 넣은 뒤, 빼뜨기를 하여 끈을 완성합니다.

26 이제 다시 테두리 패턴을 반복해 주세요. 사슬 3코를 만든 뒤, 짧은뜨기를 이어갑니다.
(남은 공간에 따라 사슬 개수는 조절해 주세요. 위 사진에서는 한길긴뜨기 몸통이 2개 남아 사슬을 2코만 만들었습니다.)

27 테두리 단을 시작한 첫 번째 짧은뜨기 자리에 빼뜨기를 해 준 뒤, 실을 잘라 마무리해 주세요.

28 하트 장식 도안(p.76)을 참고해 만들어 둔 하트를 준비해 주세요.

29 완성한 케이프 위에 하트 장식을 원하는 위치에 올린 뒤, 바늘과 실을 이용해 깔끔하게 꿰매어 주세요.

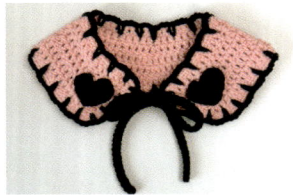

30 완성된 모습입니다.

큐피드 스티치 케이프

위의 QR코드로
들어가면 영상을
보실 수 있습니다.

난이도
★★★

#008

루비 프릴 케이프

선명한 루비빛 레드 컬러에 화이트 리본과 테두리 장식이 포인트인 프릴 케이프입니다.
이랑뜨기 프릴 단이 고급스럽게 퍼지며, 앞쪽의 리본 매듭이 사랑스러운 분위기를 더합니다.
원하는 색 조합으로 제작해도 예쁘게 완성되며,
간단한 기법으로 초보자도 쉽게 도전할 수 있습니다.

Knitting Supplies

사용한 실	롤리코튼 실
	01 크림 I 28 레드
실 소요량	S 사이즈: 케이프실 1볼, 테두리 리본실 1볼
	M~XL 사이즈: 케이프실 2볼, 테두리 리본실 1볼
사용한 도구	코바늘 5호(3.0mm), 돗바늘, 단수표시링, 가위

사용된 코바늘 기법

◯ p.17	⊤ p.20	V p.24	V p.134 (5번 설명부터)	V p.134 (5번 설명부터)	● p.21
사슬뜨기	한길긴뜨기	한길긴뜨기 두 코 늘려뜨기	이랑뜨기 두길긴뜨기 두 코 늘려뜨기	이랑뜨기 두길긴뜨기 세 코 늘려뜨기	빼뜨기

케이프 만들기

★ 시작 전 주의 사항

- 시작 사슬코 개수에 맞춰 사슬을 만들고, 첫 코에 빼뜨기하여 원형을 만들어 주세요.
- 새 단을 시작할 때는 항상 기둥코를 만든 후, 기둥코는 제외하고 첫 코부터 떠 주세요.
- 마지막 단은 이랑뜨기로 진행하며, 두길긴뜨기 2코 늘려뜨기와 3코 늘려뜨기를 번갈아 떠 주세요.

단수	코수
1단	56코
2단	64코
3~4단	72코
5단	180코

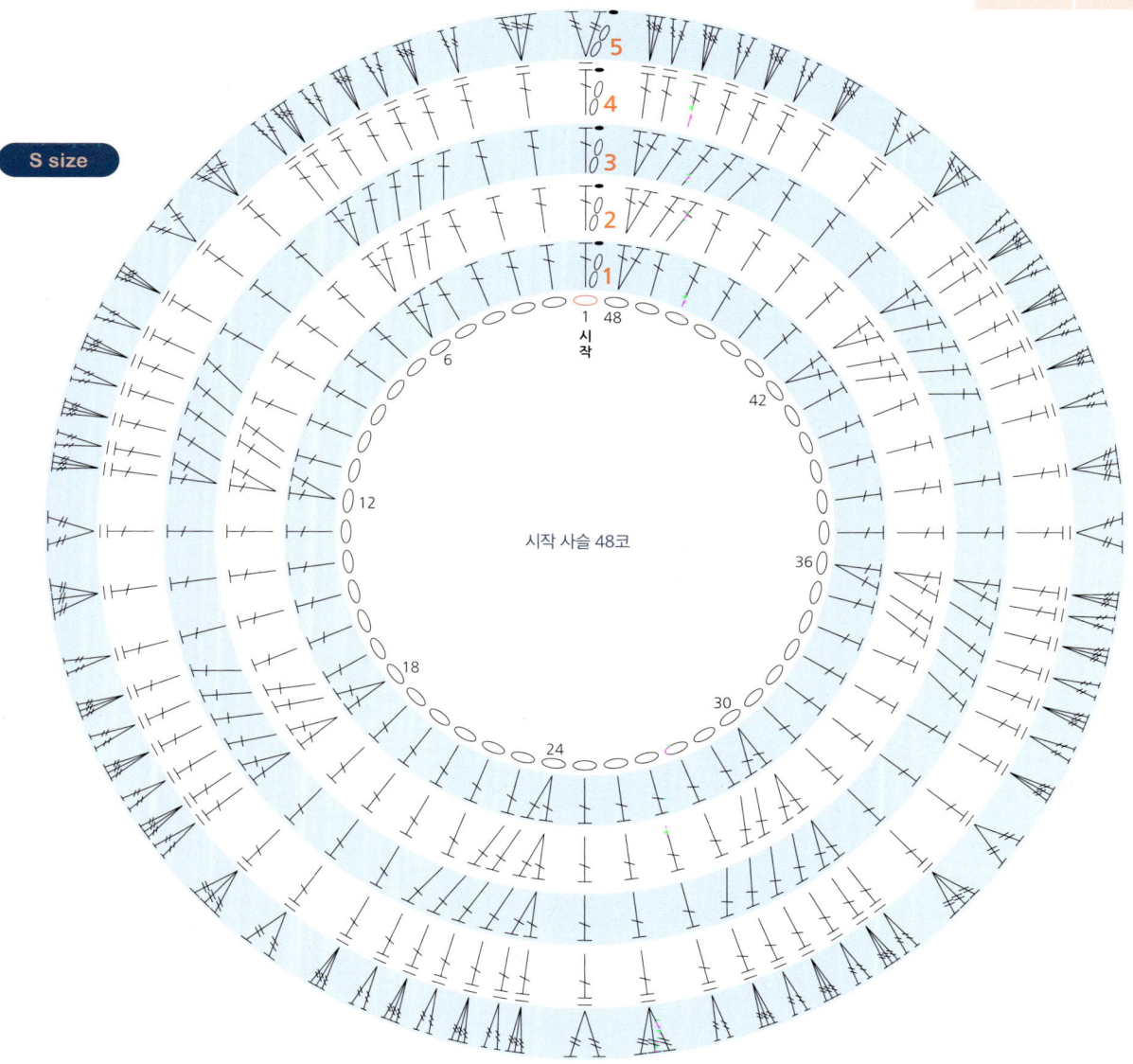

S size

시작 사슬 48코

M size

단 수	코 수
1단	63코
2단	72코
3단	81코
4~5단	90코
6단	225코

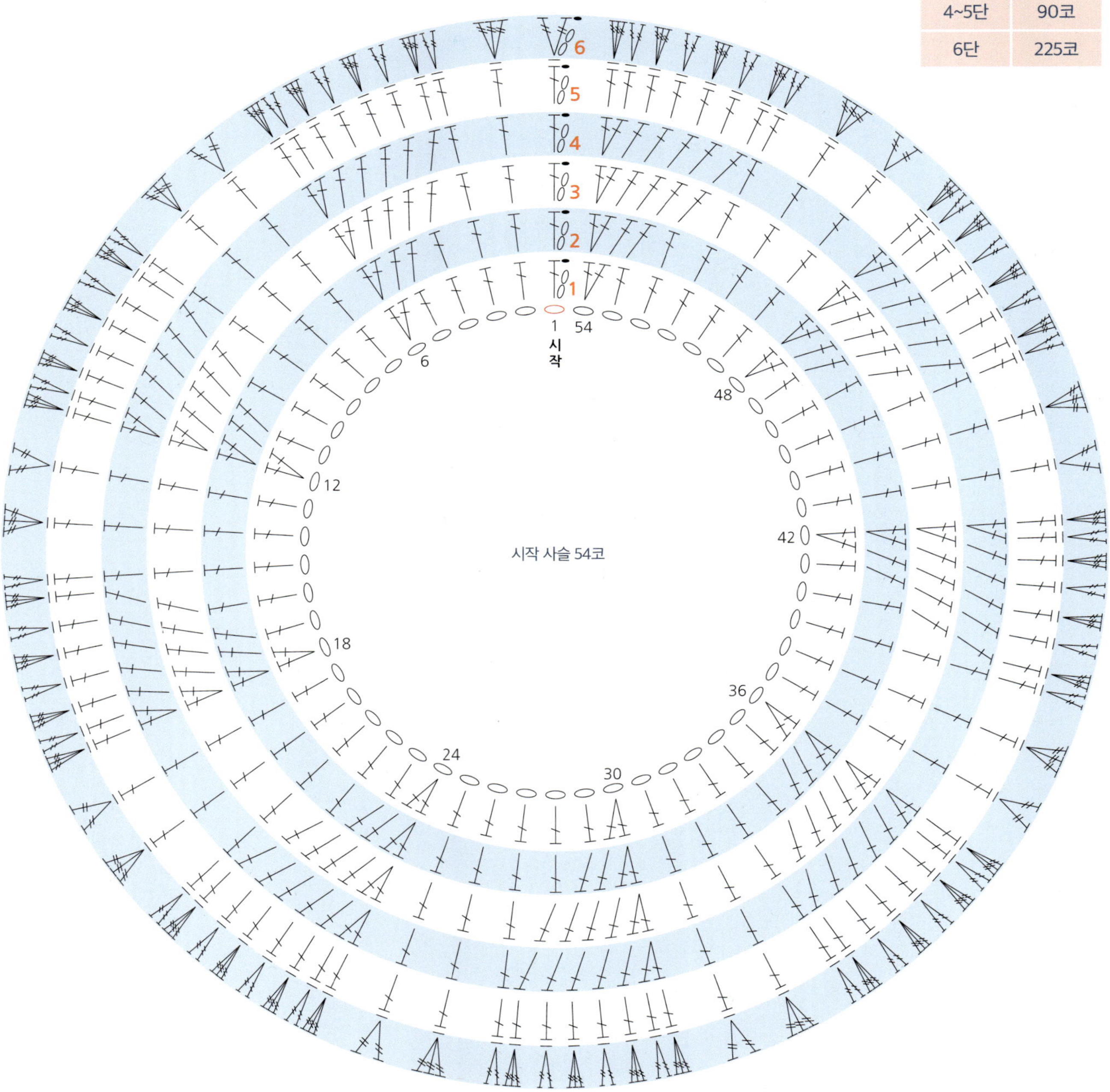

시작 사슬 54코

L size

단 수	코 수
1단	70코
2단	80코
3단	90코
4단	100코
5~6단	110코
7단	275코

시작 사슬 60코

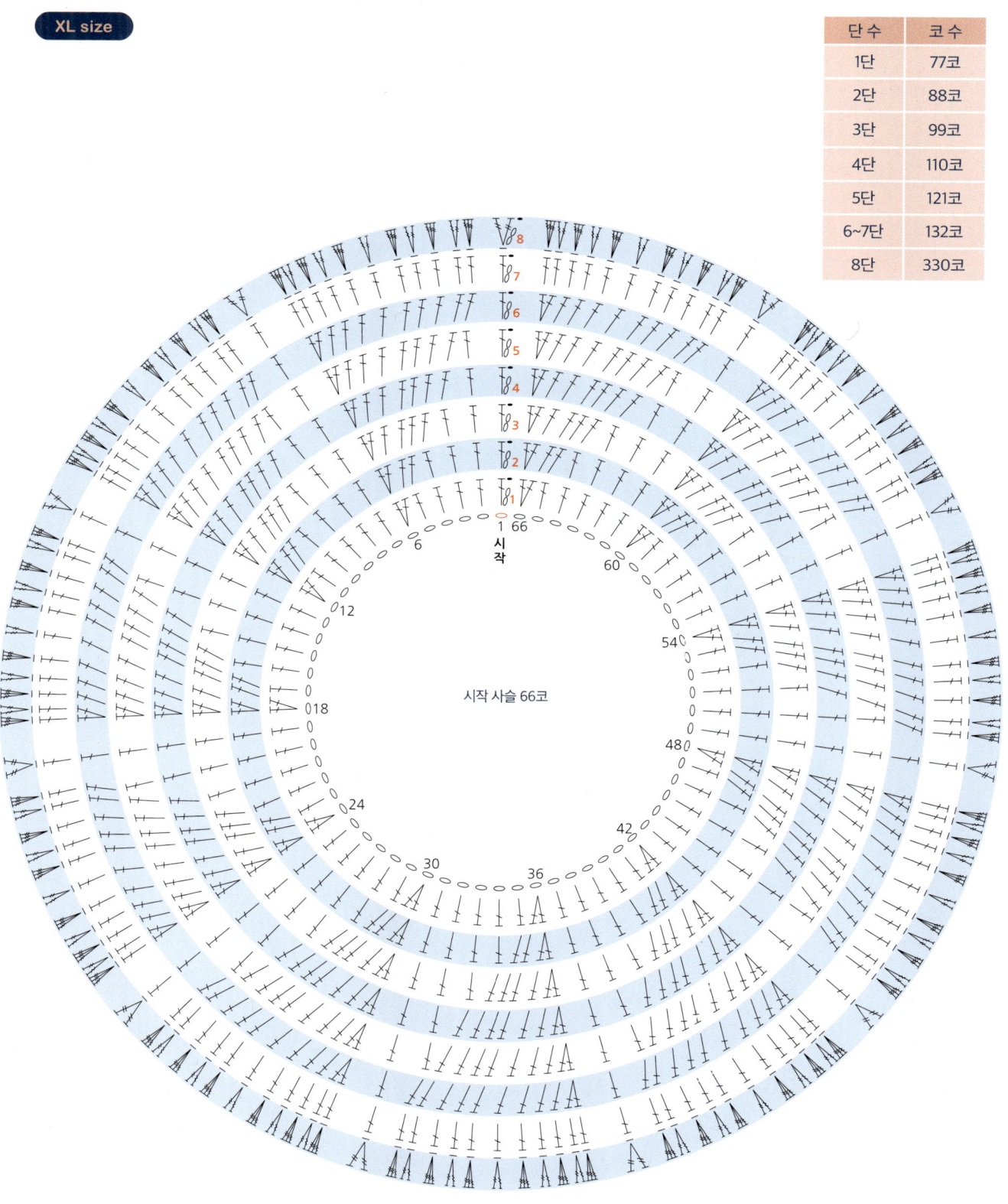

테두리 & 리본 만들기

1 도안을 참고하여 이랑뜨기 두 길긴뜨기 늘려뜨기 단까지 완성한 모습입니다.

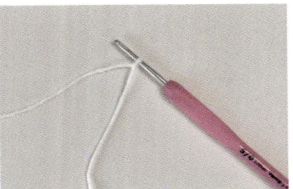

2 테두리와 리본 장식을 뜰 실을 준비해 매듭 짓기(p.16)로 바늘에 연결해 주세요.

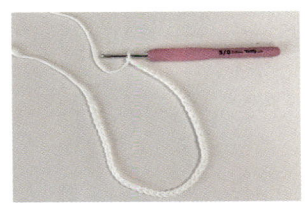

3 사슬을 만들어 주세요.
*S~M : 사슬 45개
*L~XL : 사슬 55개

4 만들어 놓은 사슬을 사진과 같이 뒤쪽 코 산이 보이게 놓아주세요.

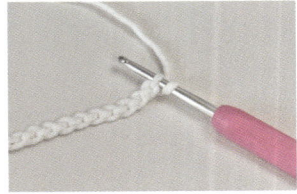

5 첫 번째 코 산은 건너뛰고, 두 번째 코 산부터 바늘을 넣어 빼뜨기해 주세요.

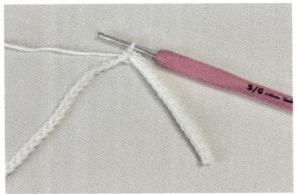

6 사슬 전체에 빼뜨기를 해 주세요.

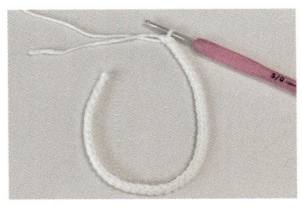

7 빼뜨기를 완료한 모습입니다.

8 완성된 케이프를 준비해, 사진과 같이 놓아주세요.

9 두길긴뜨기를 했던 같은 코에 바늘을 넣어주세요.

10 사진과 같이 바늘을 옆 코로 나오게 통과시켜 주세요.

11 바늘에 실을 감아 빼뜨기해 주세요.

12 빼뜨기를 완료한 모습입니다.

13 이어서 사슬 1코를 만들어 주세요.

14 이전과 동일하게, 다음 옆 코도 같은 방법으로 잡아 빼뜨기해 주세요.

15 빼뜨기를 완료한 모습입니다.

16 이전과 동일하게, 이어서 사슬 1코를 만들어 주세요.

17 마지막 2코를 남길 때까지 반복해 주세요.

18 사슬을 만들어 주세요.
*S~M : 사슬 45개
*L~XL : 사슬 55개

19 두 번째 코 산부터 빼뜨기하여 되돌아와 주세요.

20 마지막으로 편물에 빼뜨기하여 마무리합니다.

21 실을 정리해 주세요.(p.27 참고)

22 리본을 묶어 완성합니다.

위의 QR코드로
들어가면 영상을
보실 수 있습니다.

난이도
★★★

#009
생일 파티 케이프&모자

생일 파티 주인공을 위한 사랑스러운 케이프와 모자 세트예요.
목 부분엔 프릴을, 끝단에는 구슬뜨기를 사용해 귀여운 포인트를 주었어요.
알록달록한 리본 장식으로 꾸며주면 더욱 톡톡 튀는 생일 룩이 완성된답니다.
특별한 날, 반려견을 위해 깜짝 파티 의상으로 강력 추천해요!

Knitting Supplies

사용한 실	아이돌 실
	1 크림 | 3 사과빨강 | 6 레모나
실 소요량	S~M사이즈: 케이프&모자 실 2볼, 테두리 실 1볼, 장식 실 1볼
	L~XL 사이즈: 케이프&모자 실 3볼, 테두리 실 1볼, 장식 실 1볼
사용한 도구	코바늘 5호(3.0mm), 돗바늘, 단수표시링, 가위

사용된 코바늘 기법

○	×	V	T	V	⊕	–
p.17	p.18	p.24	p.20	p.24	p.97	p.21
사슬뜨기	짧은뜨기	짧은뜨기 두 코 늘려뜨기	한길긴뜨기	한길긴뜨기 두 코 늘려뜨기	한길긴뜨기 5코 구슬뜨기	빼뜨기

케이프 만들기

★ 시작 전 주의 사항

- 시작 사슬코 개수에 맞춰 사슬을 만들고, 첫 코에 빼뜨기하여 원형을 만들어 주세요.
- 새 단을 시작할 때는 항상 기둥코를 만든 후, 기둥코는 무시하고 첫 코부터 떠 주세요.
- 마지막 단은 각 코마다 빼뜨기를 하나씩 하여 테두리를 둘러 주세요.
- 케이프를 완성한 뒤, 윗단과 밑단 장식은 설명 사진(p.96, 97)을 참고해 작업해 주세요.

단수	코수
1단	56코
2단	64코
3단	72코
4단	80코
5~7단	88코

S size

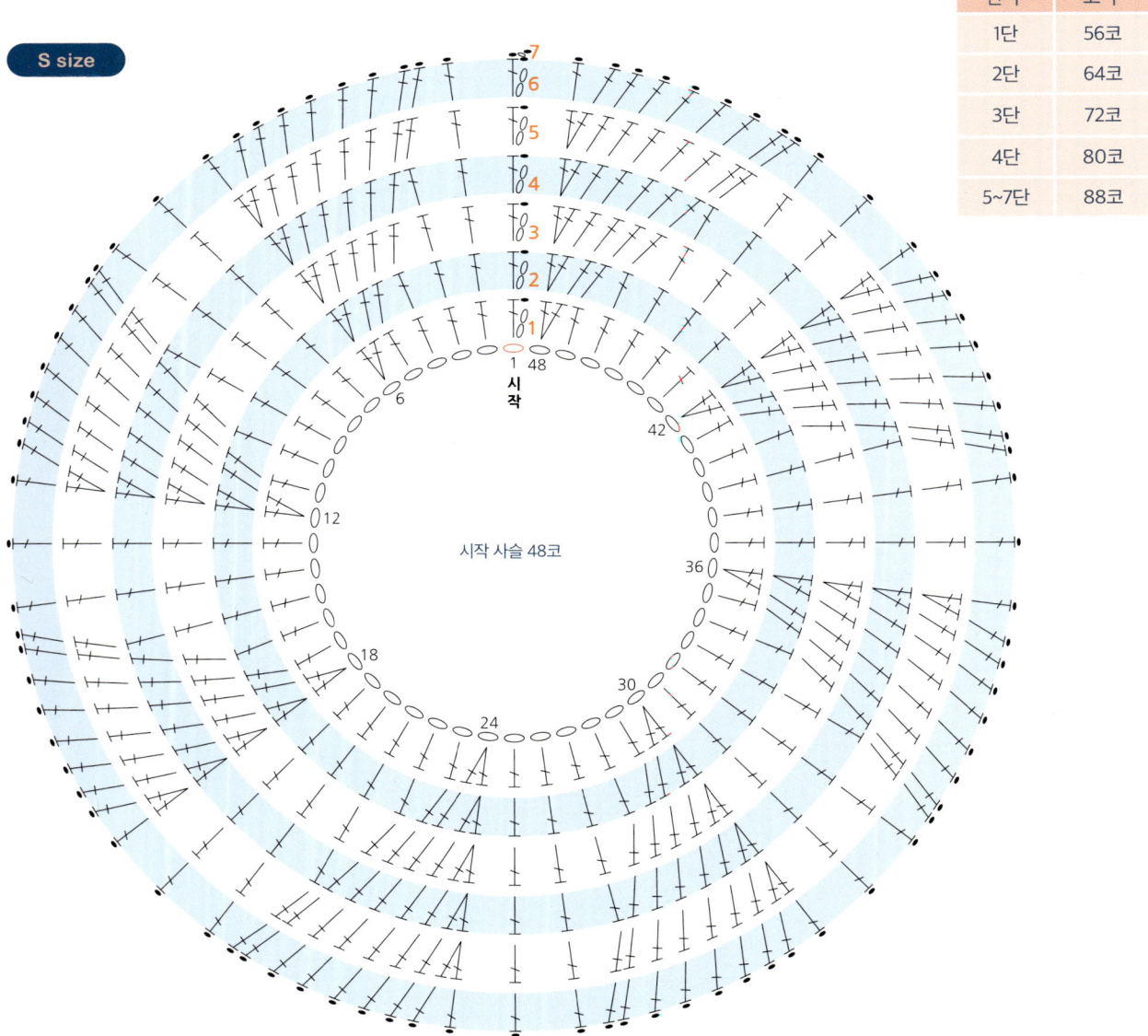

시작 사슬 48코

M size

단 수	코 수
1단	63코
2단	72코
3단	81코
4단	90코
5단	99코
6~8단	108코

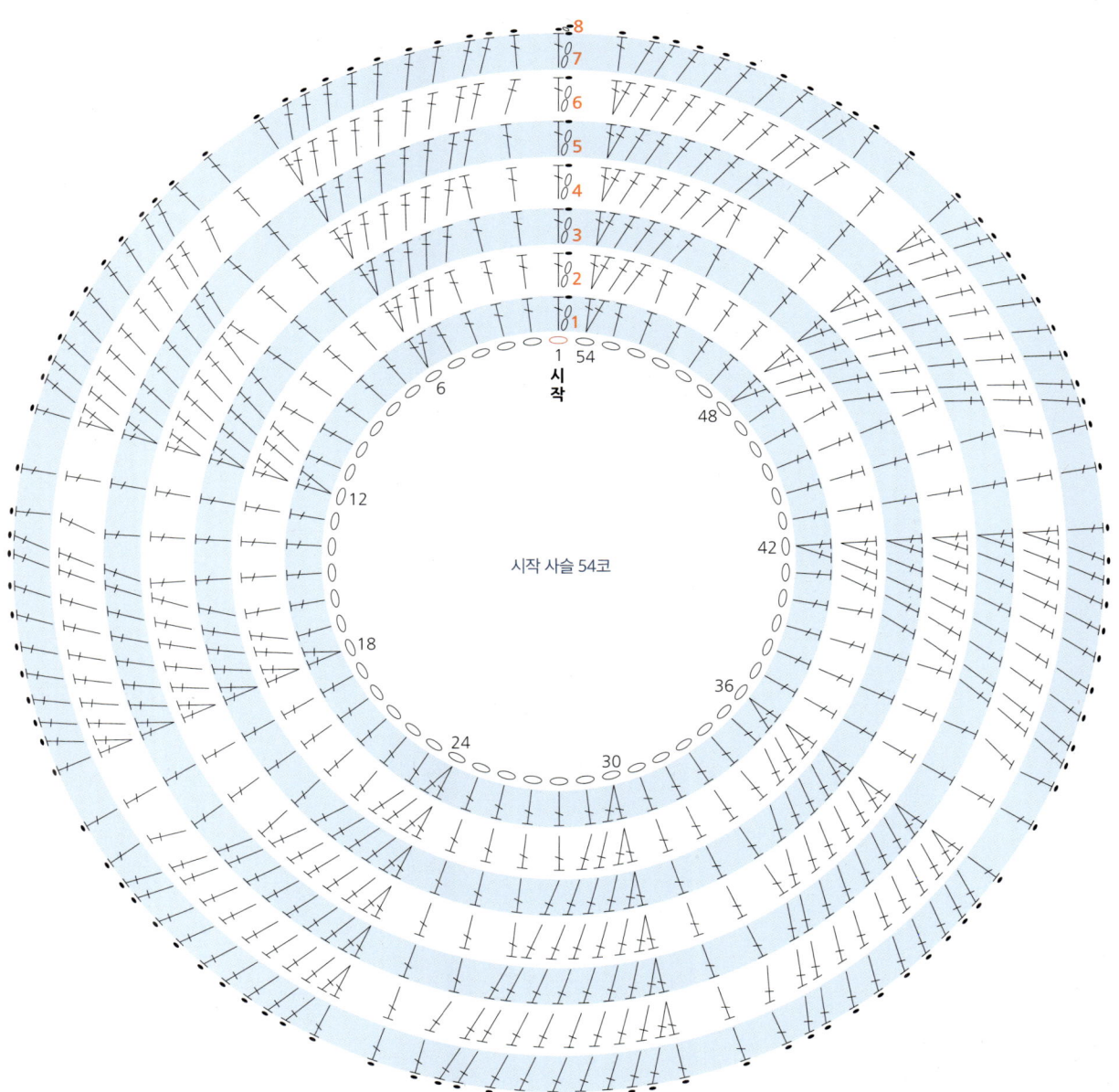

시작 사슬 54코

L size

단수	코수
1단	70코
2단	80코
3단	90코
4단	100코
5단	110코
6단	120코
7~9단	130코

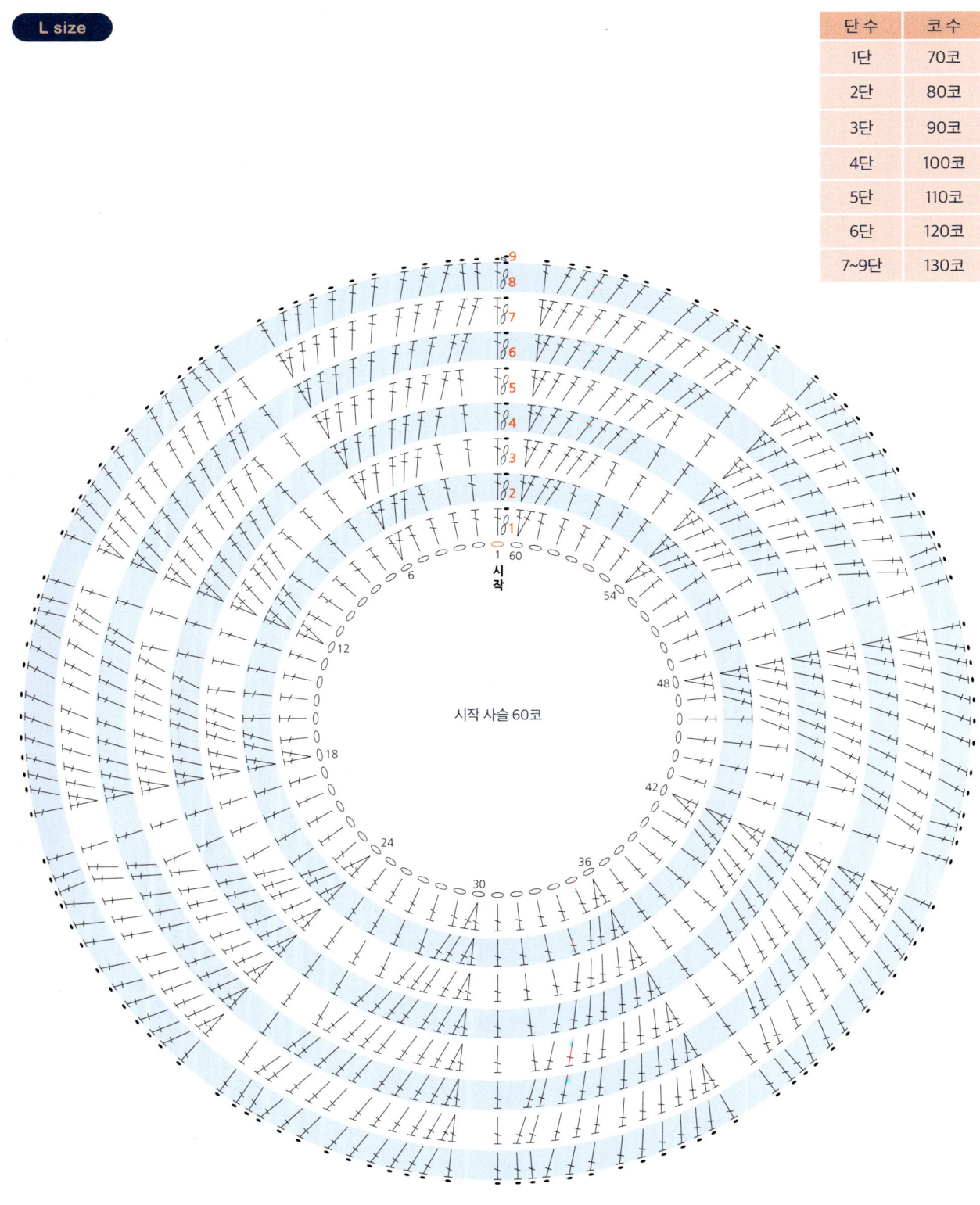

시작 사슬 60코

XL size

단 수	코 수
1단	77코
2단	88코
3단	99코
4단	110코
5단	121코
6단	132코
7단	143코
8~10단	154코

시작 사슬 66코

모자 만들기

★ 시작 전 주의 사항
- 매직링으로 시작하여 1단을 완성한 뒤, 링을 조여 고정해 주세요.
- 새 단을 시작할 때는 항상 기둥코를 만든 후, 기둥코는 무시하고 첫 코부터 떠 주세요.
- 마지막 단은 각 코마다 빼뜨기를 하나씩 하여 테두리를 둘러 주세요.
- 모자를 완성한 뒤, 밑단 장식은 설명 사진(p.97)을 참고해 작업해 주세요.

사이즈	모자 지름
S~M	7~8cm
L~XL	10~11cm

S~M size

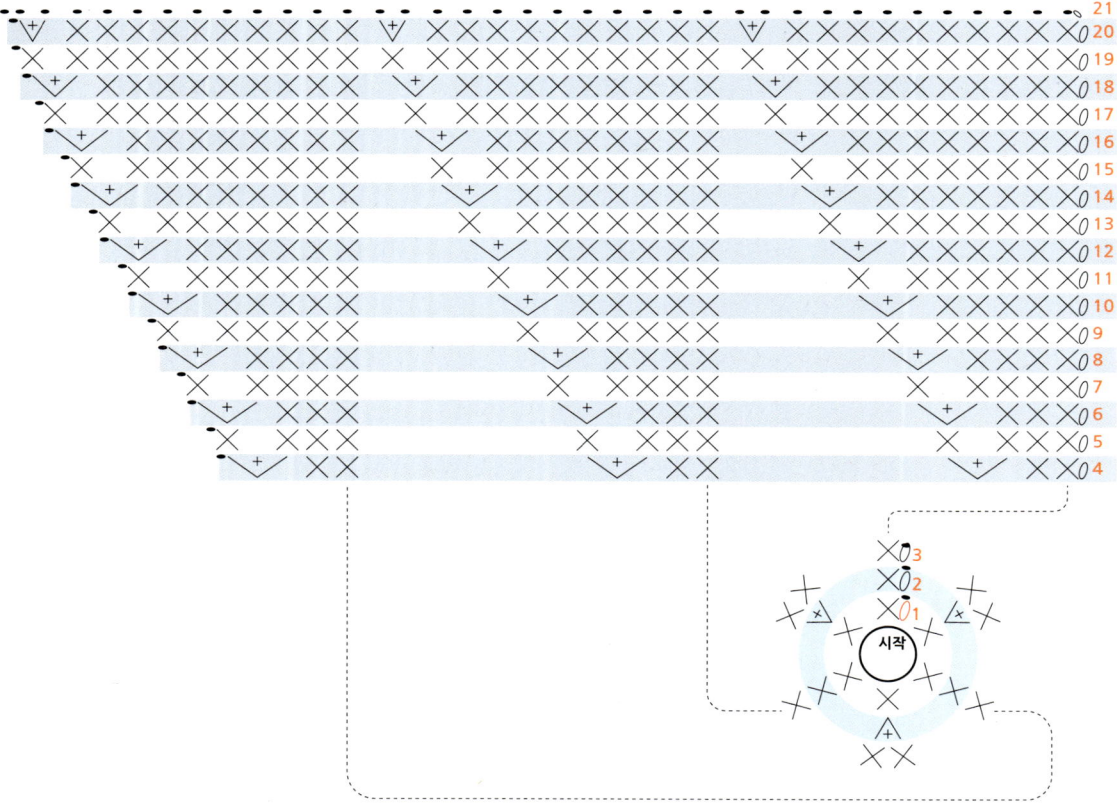

단 수	코 수
1단	6코
2~3단	9코
4~5단	12코
6~7단	15코
8~9단	18코

단 수	코 수
10~11단	21코
12~13단	24코
14~15단	27코
16~17단	30코
18~19단	33코
20~21단	36코

단수	코수	단수	코수
1단	6코	12~13단	24코
2~3단	9코	14~15단	27코
4~5단	12코	16~17단	30코
6~7단	15코	18~19단	33코
8~9단	18코	20~21단	36코
10~11단	21코	22~23단	39코
		24~25단	42코

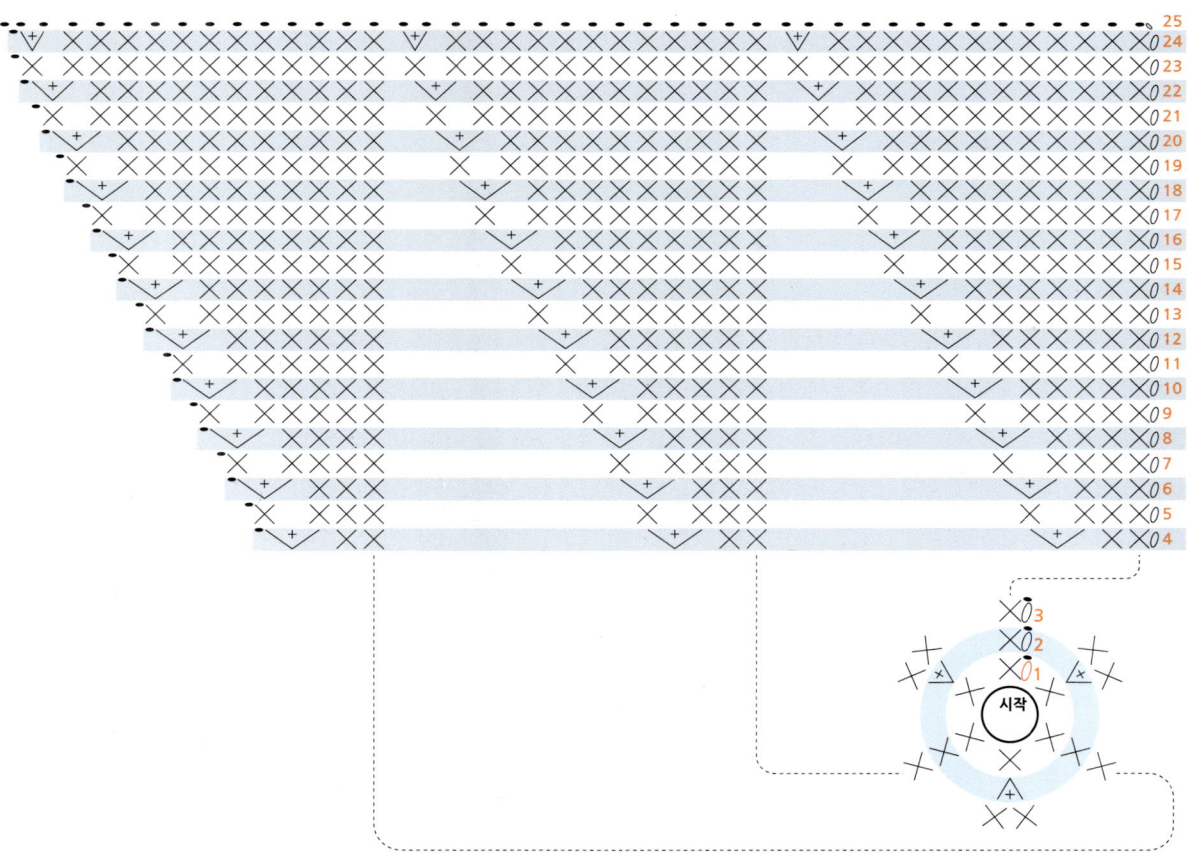

L~XL size

케이프 윗단 장식 만들기

★ 시작 전 주의 사항

- 케이프 밑단 장식은 모자 밑단 장식과 같습니다.
모자 밑단 만들기 페이지를 참고하여 만들어 주세요.

1 편물을 사진과 같이 두고, 기둥 코 왼쪽 한길긴뜨기 몸통에 실을 연결합니다.

2 이어서 사슬 2코 떠 주세요.

3 같은 자리에 한길긴뜨기 4코 떠 주세요.

4 사진과 같이 편물을 왼쪽으로 180도 돌려주세요. 이후, 다음 한길긴뜨기는 넘어가고 그다음 한길긴뜨기 몸통에 바늘을 넣어 주세요.

5 바늘을 넣은 모습입니다.

6 그 자리에 한길긴뜨기 4코 떠 주세요.

7 사진과 같이 편물을 다시 왼쪽으로 180도 돌려주세요. 이전과 동일하게, 다음 한길긴뜨기는 넘어가고 그다음 한길긴뜨기 몸통에 한길긴뜨기를 4코 떠 주세요.

8 반복해 주세요.

9 마지막까지 같은 방법으로 반복한 뒤, 처음 떴던 한길긴뜨기 코에 빼뜨기해 마무리해 주세요.

모자 & 케이프 밑단 장식 만들기

1 사진과 같이 첫 번째 코에 실을 연결해 주세요.

2 사슬 2코 떠 주세요.

3 사슬 2코를 만든 같은 자리에, 한길긴뜨기 5코 구슬뜨기를 해 주세요.
(미완성 한길긴뜨기 5코를 모아 한 번에 빼냅니다.)

4 미완성 한길긴뜨기가 5코 모여 있는 상태에서, 바늘에 실을 한 번 감아 바늘에 걸린 6가닥을 한 번에 쭉 빼내면 한길긴뜨기 5코 구슬뜨기가 완성됩니다.

5 사슬 1코 떠 주세요.

6 다음 코는 넘어가 주세요.

7 넘어간 코 다음 코에 사진과 같이 바늘을 넣어 빼뜨기 해 주세요.
(다음 사진처럼 동그란 모양이 잘 나오게 모양을 만들어준 후 빼뜨기 해 주세요.)

8 빼뜨기를 하고 나면 이렇게 동글동글한 모양이 됩니다.

9 빼뜨기해 준 그 자리에 바로 사슬 2코를 떠 주세요.

10 이전과 똑같이 한길긴뜨기 5코 구슬뜨기를 만들어 주세요.

11 다음 코는 넘어가고, 그 다음 코에 빼뜨기해 주세요.

12 끝까지 반복 후, 처음 구슬뜨기에 빼뜨기해서 완성해 주세요.

모자 끈 만들기

모든 작업을 완성한 뒤, 모자와 케이프에 실로 리본을 묶어 장식해 주세요.

1 사진과 같이 아무 코에 바늘을 넣고 실을 연결해 주세요.

2 사슬 71코(S~M)/86코(L~XL) 만들어 주세요.

3 첫 코는 넘어가고 다음 코부터 빼뜨기 55코(S~M)/60코(L~XL) 떠 주세요.

4 빼뜨기 후, 사슬 15코(S~M)/25코(L~XL) 만들어 주세요.

5 처음 실 연결했던 곳 다음부터 8코(S~M)/10코(L~XL) 지나 9번째(S~M)/11번째(L~XL) 코에 빼뜨기를 해 주세요.

6 빼뜨기한 곳 다음부터 8코(S~M)/9코(L~XL) 지나 9번째(S~M)/10번째(L~XL) 코부터 끈을 똑같이 만들어 완성합니다.

위의 QR코드로
들어가면 영상을
보실 수 있습니다.

난이도 ★★★

#010

크리스마스 트리 모자

크리스마스 분위기를 가득 담은 귀여운 트리 모자입니다.
위로 뾰족하게 올라가는 실루엣이 실제 트리 같은 느낌을 주어 특별한 날 더욱 잘 어울립니다.
다양한 장식을 응용해 자유롭게 꾸밀 수 있으며,
색상 조합에 따라 각기 다른 분위기를 연출할 수 있습니다.
반려견과 함께 크리스마스 파티나 기념사진을 남기기에 안성맞춤인 아이템입니다.

Knitting Supplies

사용한 실	아이돌 실
	22 연모카브라운 l 25 숲속초록
실 소요량	S~M 사이즈 (초록실 ½, 갈색실 ½)
	L~XL 사이즈 (초록실 1, 갈색실 ½)
사용한 도구	코바늘 5호(3.0mm), 돗바늘, 단수표시링, 가위
준비물	스토퍼, 크리스마스 장식, 밍크 방울

사용된 코바늘 기법

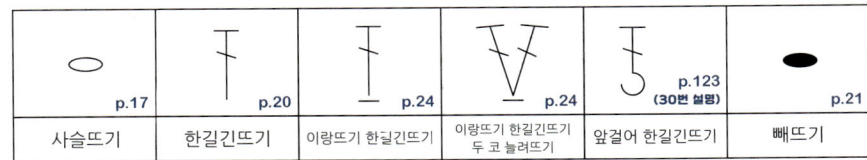

모자 만들기

★ 시작 전 주의 사항

- 초록색 실로 매직링을 만들어 시작한 뒤, 1단을 완성하고 링을 조여 고정해 주세요.
- 새 단을 시작할 때는 항상 기둥코를 만든 후, 기둥코는 제외하고 첫 코부터 떠 주세요.
- 2단부터 9단(S)/11단(M)/11단(L)/13단(XL)까지는 이랑뜨기로 진행합니다.

귀 사이 길이

사이즈	귀 사이 길이
S	4~5cm
M	6~7cm
L	8~9cm
XL	10~11cm

S size

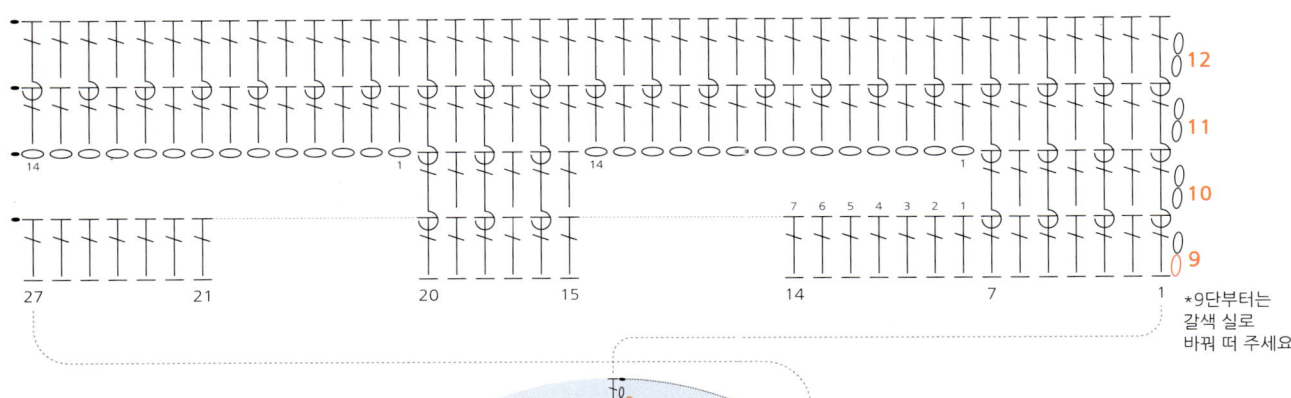

*9단부터는 갈색 실로 바꿔 떠 주세요.

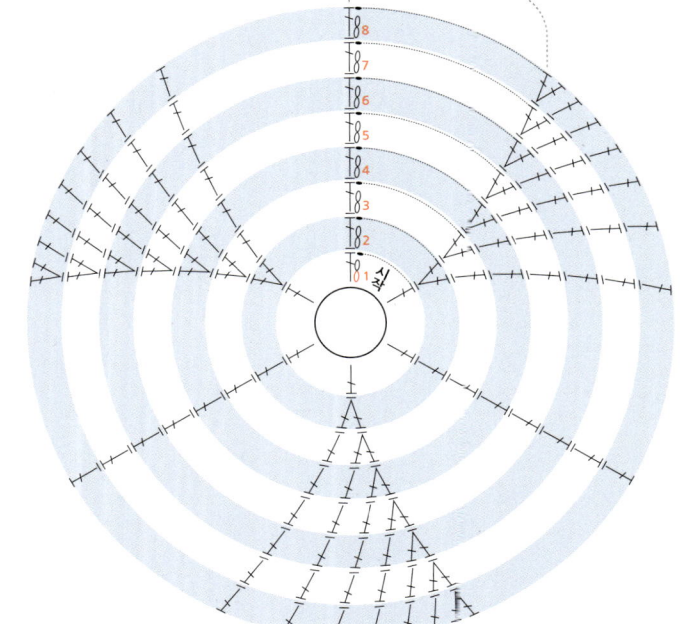

단수	코수
1단	6코
2단	9코
3단	12코
4단	15코
5단	18코
6단	21코
7단	24코
8~9단	27코
10~12단	41코

M size

단수	코수	단수	코수
1단	6코	6단	21코
2단	9코	7단	24코
3단	12코	9단	30코
4단	15코	10~11단	33코
5단	18코	12~14단	49코

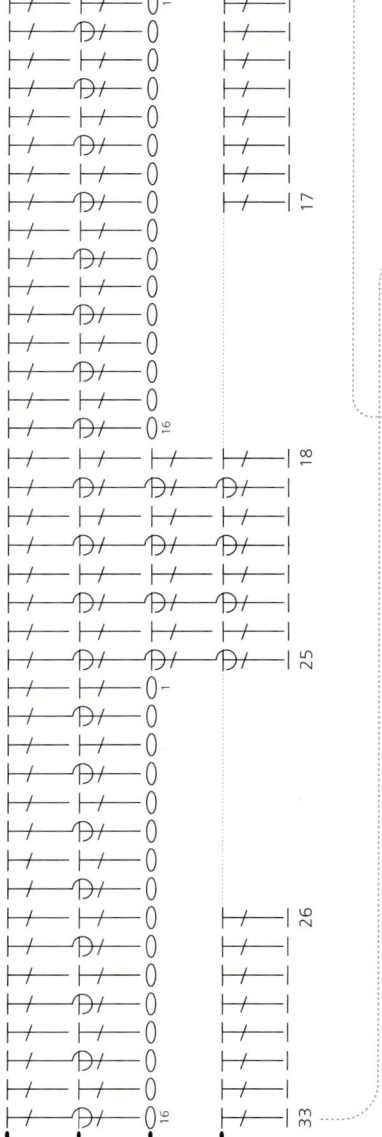
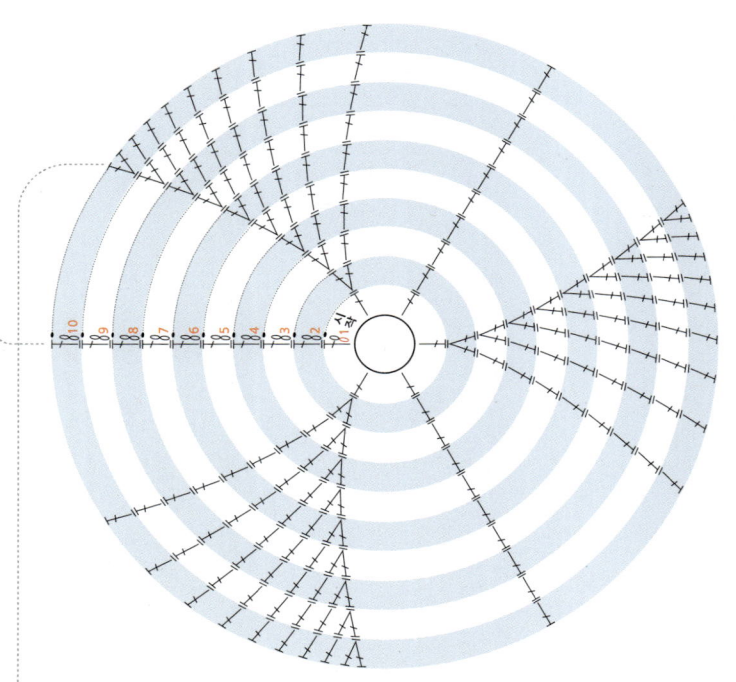

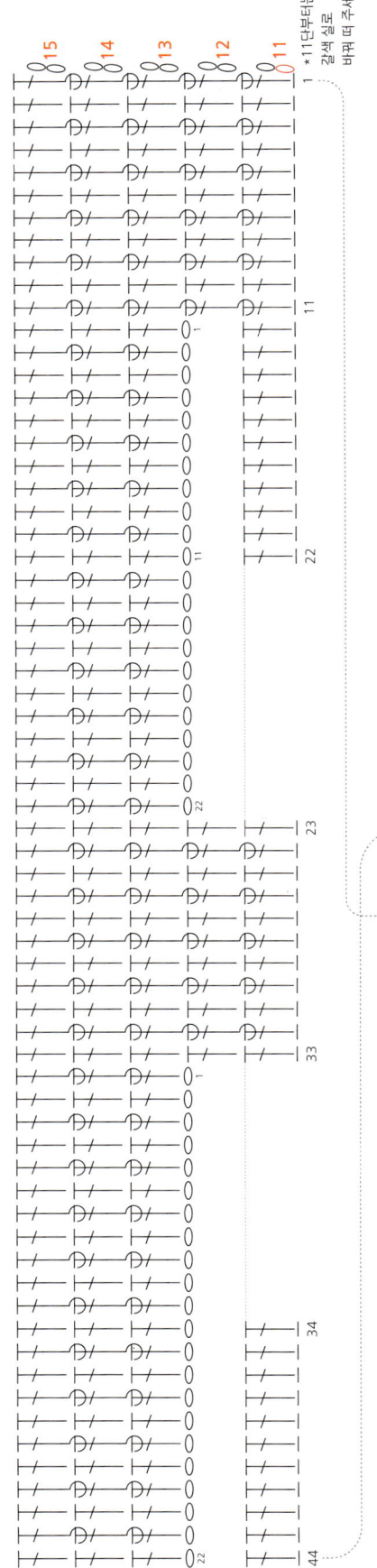

L size

단 수	코 수	단 수	코 수
1단	8코	6단	28코
2단	12코	7단	32코
3단	16코	8단	36코
4단	20코	9단	40코
5단	24코	10~11단	44코
		12~15단	66코

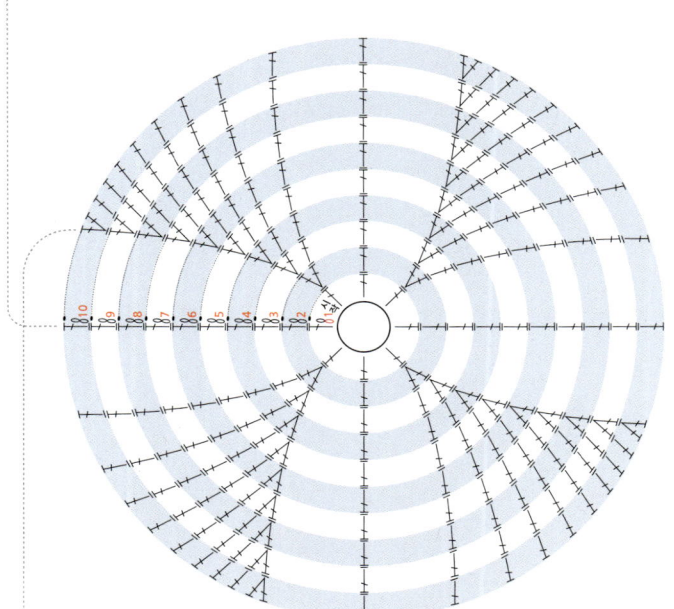

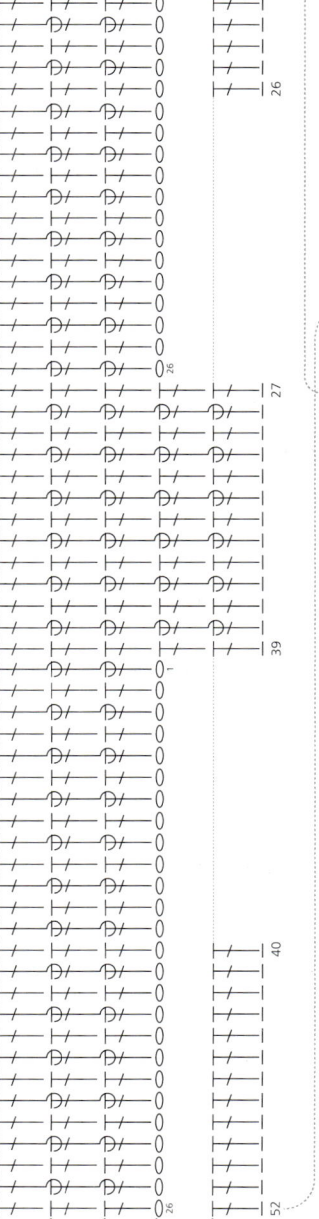

XL size

단수	코수	단수	코수
1단	8코	7단	32코
2단	12코	8단	36코
3단	16코	9단	40코
4단	20코	10단	44코
5단	24코	11단	48코
6단	28코	12~13단	52코
		14~17단	78코

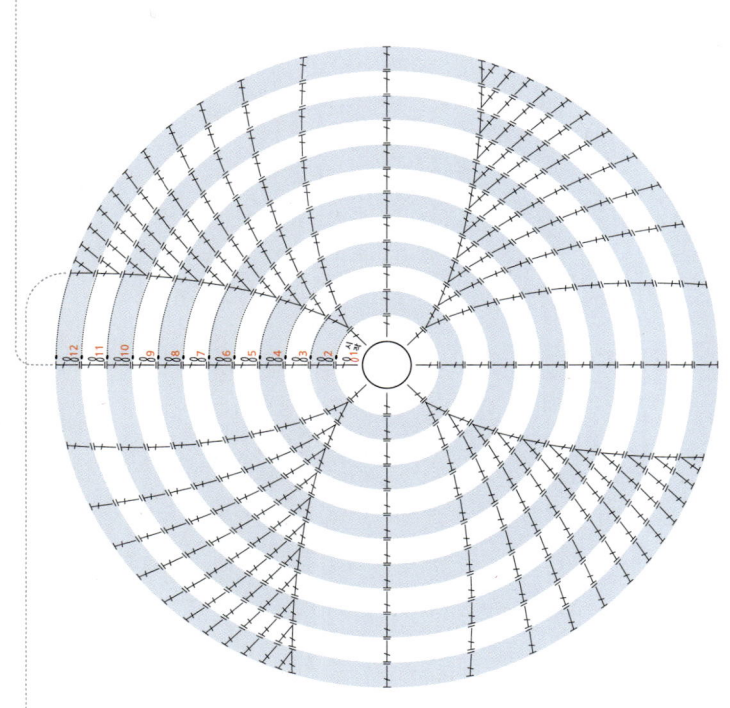

테두리 만들기

1 각 사이즈 도안을 참고하여 모자를 만든 뒤, 코바늘에 초록색 실을 매듭 짓기(p.16)로 연결해 주세요.

2 초록색 부분 마지막 단의 첫 번째 코 한 가닥에 바늘을 넣어 주세요. (이랑뜨기로 떠 주었기 때문에 코가 한 가닥만 있습니다. 꼭 첫 번째 코가 아니어도 괜찮으며, 아무 코에서나 시작할 수 있습니다.)

3 빼뜨기하여 실을 연결해 주세요.

4 이어서 사슬 3코를 만들어 주세요.

5 다음 코에 짧은 뜨기를 해 주세요.

6 짧은 뜨기 1코 해 준 모습입니다.

7 이어서 사슬 3코를 만들어 주세요.

8 다시 다음 코에 짧은뜨기 1코를 만들어 주세요.

9 같은 방법을 반복하여 한 단을 채워 주세요.

10 마지막 코까지 뜬 모습입니다.

11 이어서 사슬 3코를 만들어 주세요.

12 그다음 단의 첫 번째 코에 코바늘을 넣어 짧은뜨기 1코를 만들어 주세요.

13 짧은뜨기를 한 모습이며, 자연스럽게 다음 단으로 이어집니다.

14 같은 방법을 반복하여 모든 단을 채워 주세요.

15 마지막 코까지 뜬 모습입니다.

방울 달기

1 마지막 코에 다시 코바늘을 넣고 빼뜨기 해 주세요.

2 실을 여유 있게 남긴 뒤 잘라 돗바늘에 연결해 주세요.

3 돗바늘을 이용해 실을 트리 모자의 꼭대기 가까운 곳으로 옮겨 주세요.

4 확대한 모습입니다. (정중앙은 틈이 없어 돗바늘이 통과되지 않으므로, 살짝 옆쪽으로 빼 주시면 됩니다.)

5 방울에 달린 고리에 실을 통과시켜 주세요.

6 방울이 꼭대기 정중앙에 위치하도록 실을 다시 트리 모자 안쪽으로 보내 방울을 고정해 주세요.

7 실을 다시 트리 모자 밖으로 빼내 모자에 매듭지어 마무리해 주세요.

끈 만들기

1 갈색 실을 매듭 짓기(p.16)로 코바늘에 연결한 뒤, 트리 모자를 사진과 같이 반으로 접어 주세요.

2 모자의 끝 부분에 빼뜨기로 실을 연결해 주세요.

3 모자 가로 길이의 두 배가 되도록 사슬뜨기를 만들어 주세요.

4 코바늘에서 실을 뺀 뒤, 스토퍼의 조임 장치를 누른 상태에서 구멍 한쪽에 코바늘을 통과시켜 주세요.

5 통과시킨 코바늘에 실을 다시 걸어 주세요.

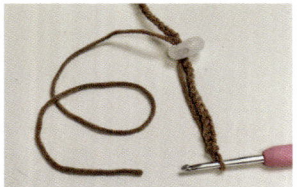

6 스토퍼의 조임 장치를 누른 상태에서 코바늘에 걸린 실을 통과시킨 뒤, 실을 여유 있게 잘라 주세요.

7 스토퍼의 조임 장치를 누른 상태에서, 반대쪽 구멍에 코바늘을 넣은 뒤 실을 걸어 통과시켜 주세요.

8 사슬을 시작한 반대쪽에 빼뜨기하여 끈을 연결하고, 마무리해 주세요.

9 마지막으로 장식을 달아 완성합니다.

Knitting Dog Clothes

위의 QR코드로
들어가면 영상을
보실 수 있습니다.

난이도
★★★

#011

곰돌이 후드 케이프

둥근 곰돌이 귀가 달린 넉넉한 후드와 어깨를 부드럽게 감싸주는 케이프입니다.
도톰한 실을 사용해 따뜻하고 포근한 느낌을 살렸으며,
부드러운 곡선형 실루엣이 얼굴을 더욱 사랑스럽게 연출해 줍니다.
앞쪽 끈으로 고정할 수 있어 실용적이며, 산책이나 외출 시 포인트 아이템으로,
사진 촬영용 소품으로도 활용할 수 있어요.

Knitting Supplies

사용한 실	롤리코튼 실
	12 커피
실 소요량	S 사이즈 (2볼) | M 사이즈 (3볼) | L 사이즈 (5볼) | XL 사이즈 (6볼)
사용한 도구	코바늘 5호(3.0mm), 돗바늘, 단수표시링, 가위

곰돌이 후드 케이프

사용된 코바늘 기법

○	×	V	T	T	T	A	W	⌇ p.123	⌇ p.123	●	▲	▲
p.17	p.18	p.24	p.19	p.24	p.20	p.24	p.24	(30번 설명)	(32번 설명)	p.21	p.24	p.24
사슬뜨기	짧은뜨기	짧은뜨기 두 코 늘려뜨기	긴뜨기	긴뜨기 두 코 모아뜨기	한길긴뜨기	한길긴뜨기 두 코 모아뜨기	한길긴뜨기 세 코 늘려뜨기	앞걸어 한길긴뜨기	뒤걸어 한길긴뜨기	빼뜨기	빼뜨기 두 코 모아뜨기	빼뜨기 세 코 모아뜨기

케이프 만들기

★ 시작 전 주의 사항

- 시작 사슬코 개수에 맞춰 사슬을 만들고, 첫 코에 빼뜨기하여 원형을 만들어 주세요.
- 새 단을 시작할 때는 항상 기둥코를 만든 후, 기둥코는 제외하고 첫 코부터 떠 주세요.
- 마지막 단 시작 전, 편물을 뒤집어서 마지막 단을 이어가 주세요.

단 수	코 수
1단	56코
2단	62코
3단	68코
4단	74코
5단	80코
6단	86코
7단	92코

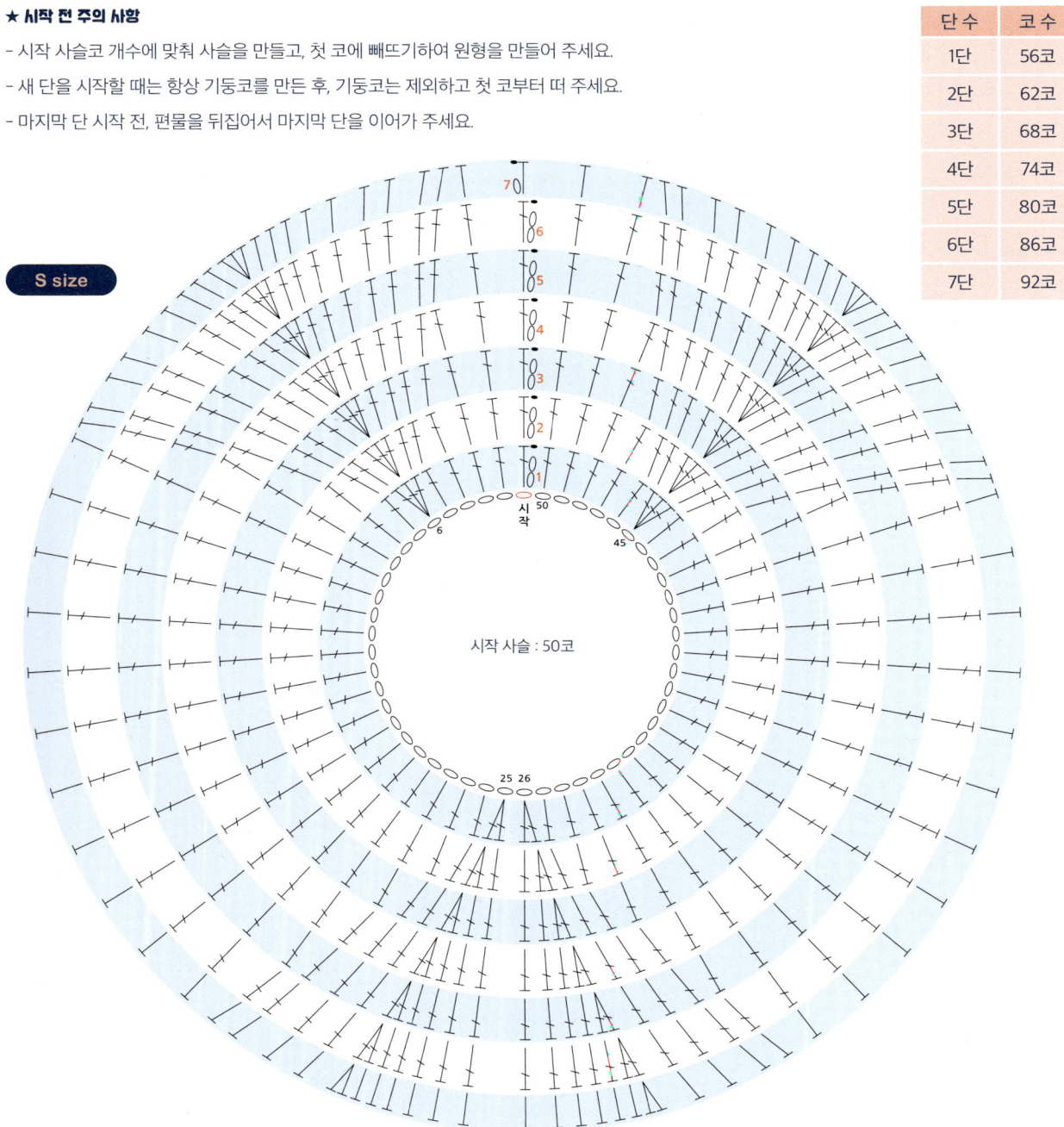

S size

시작 사슬 : 50코

M size

단수	코수	단수	코수
1단	62코	6단	92코
2단	68코	7단	98코
3단	74코	8단	104코
4단	80코	9단	110코
5단	86코		

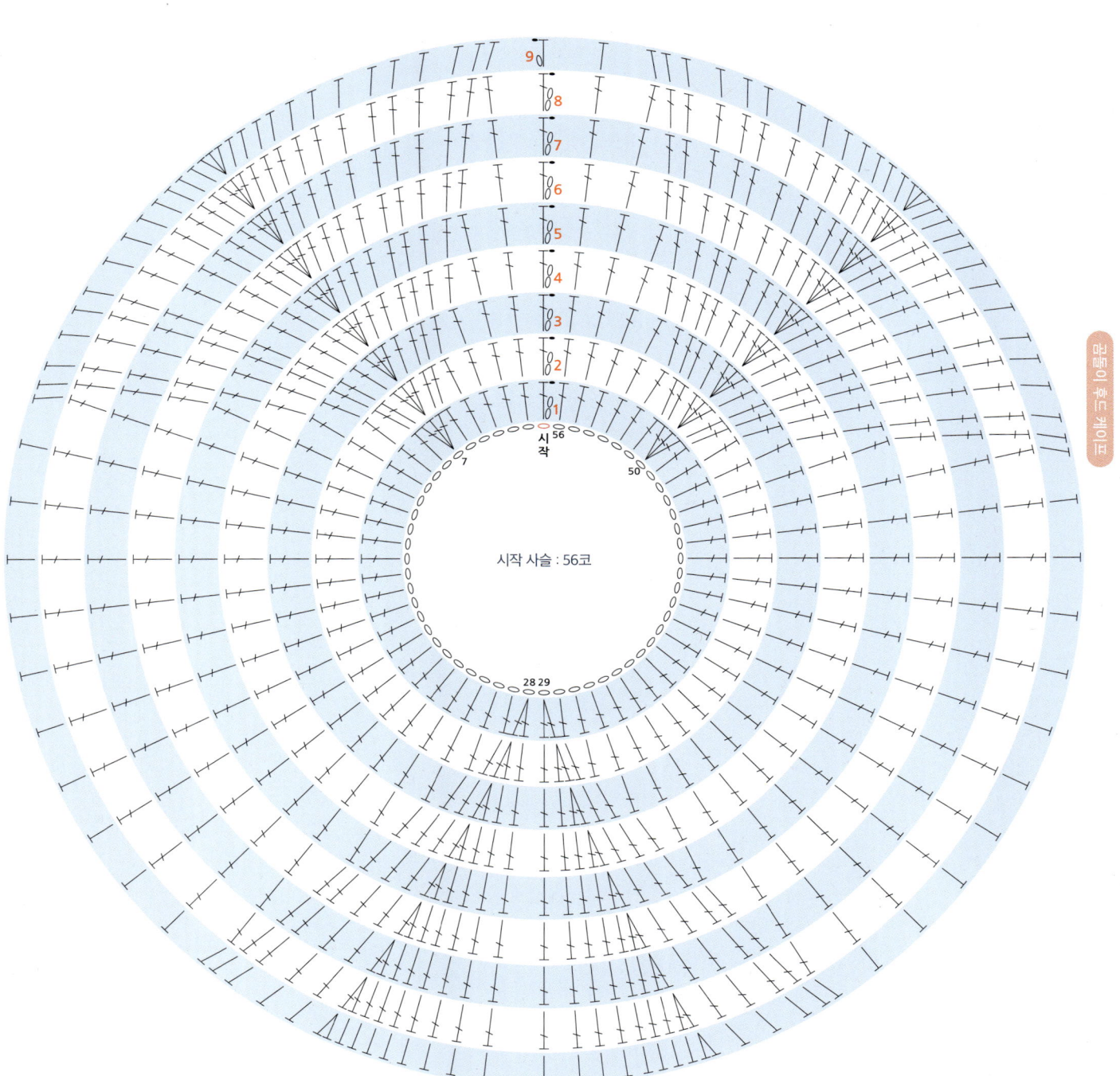

시작 사슬 : 56코

L size

단 수	코 수	단 수	코 수	단 수	코 수
1단	70코	5단	94코	9단	118코
2단	76코	6단	100코	10단	124코
3단	82코	7단	106코	11단	130코
4단	88코	8단	112코		

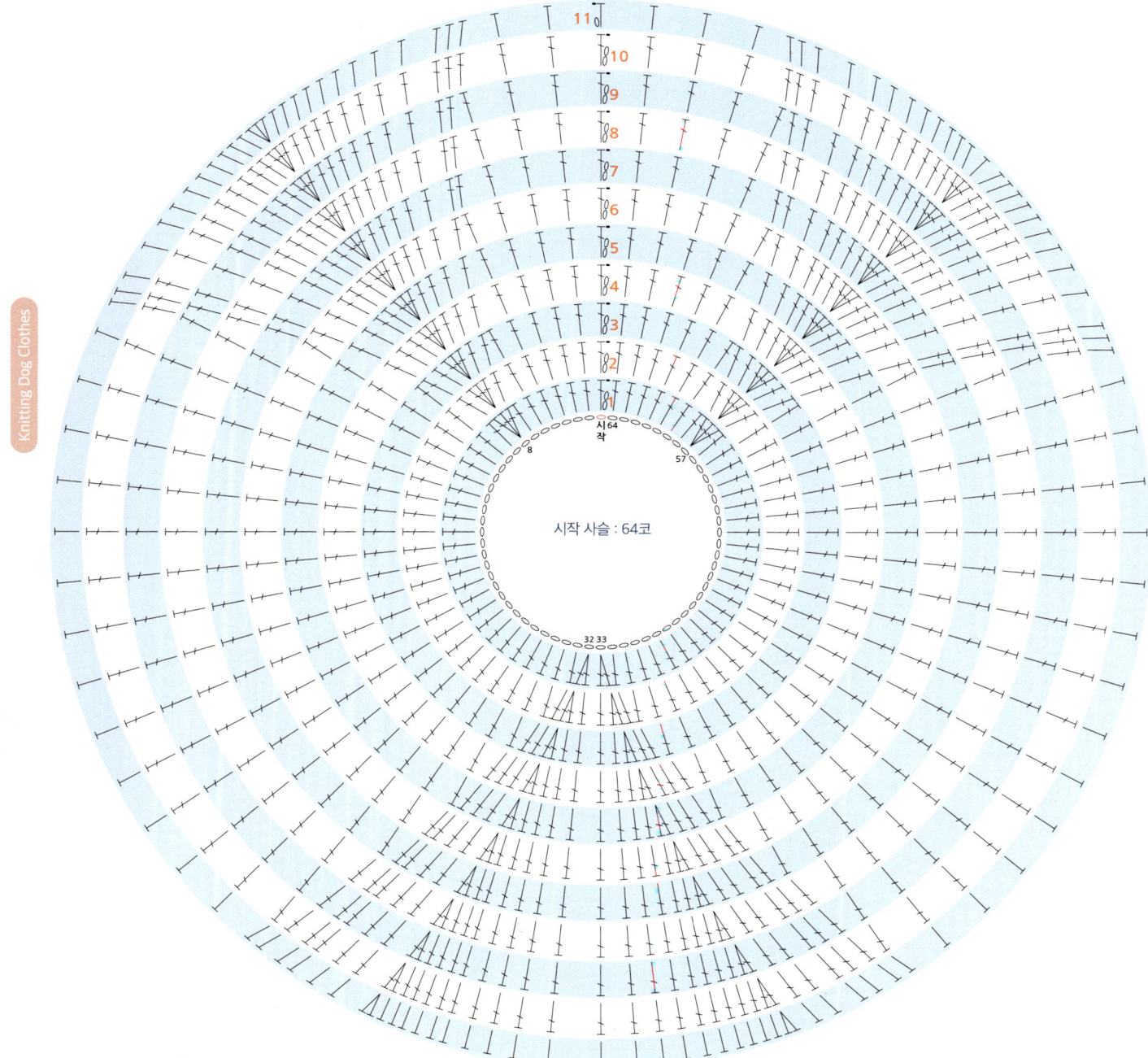

시작 사슬 : 64코

XL size

단수	코수	단수	코수	단수	코수
1단	78코	6단	108코	11단	138코
2단	84코	7단	114코	12단	144코
3단	90코	8단	120코	13단	150코
4단	96코	9단	126코		
5단	102코	10단	132코		

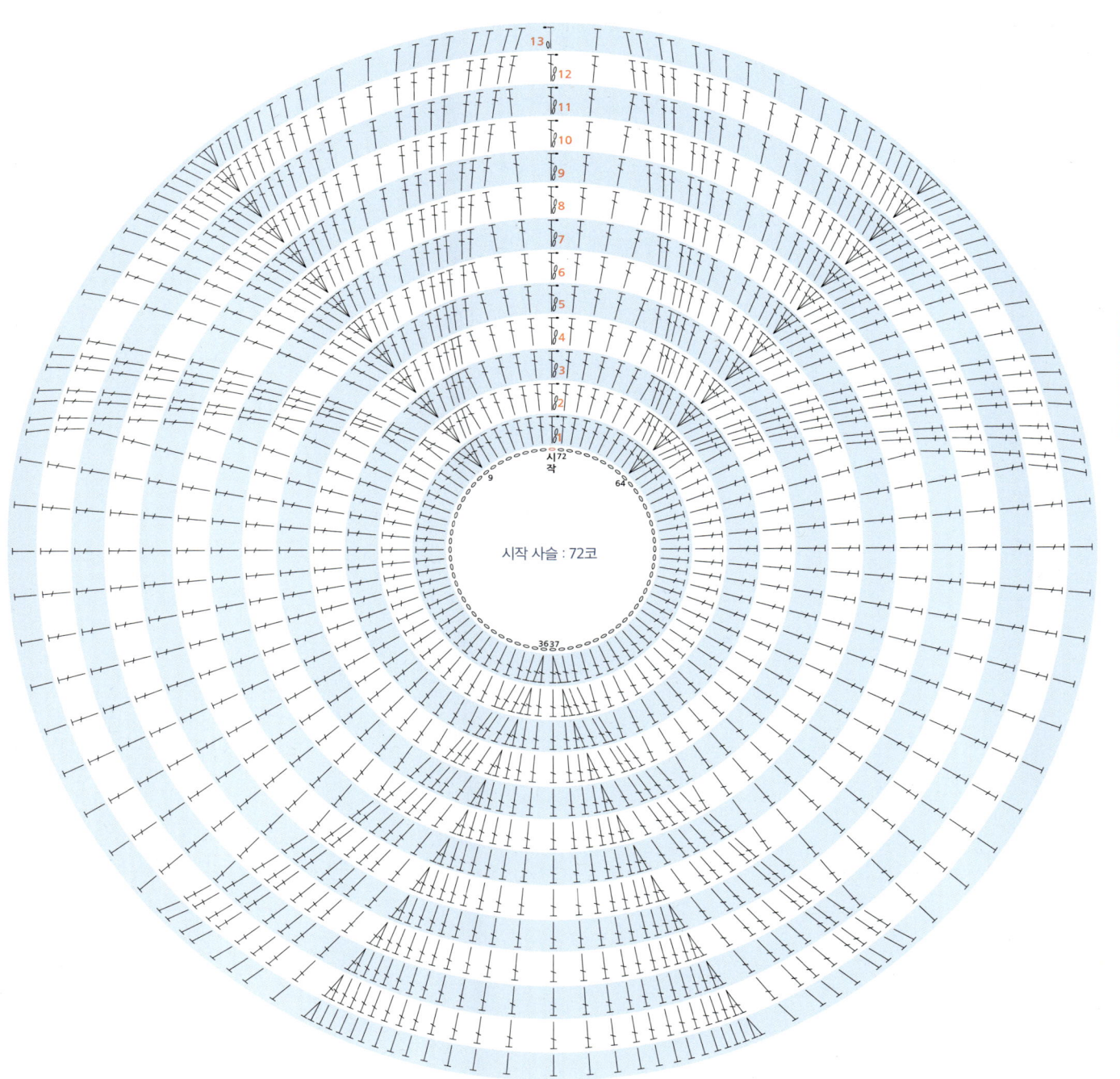

모자 만들기

S size

단수	코수	단수	코수
1~5단	40코	11단	32코
6~7단	38코	12단	30코
8~9단	36코	13단	29코
10단	34코	14단	27코

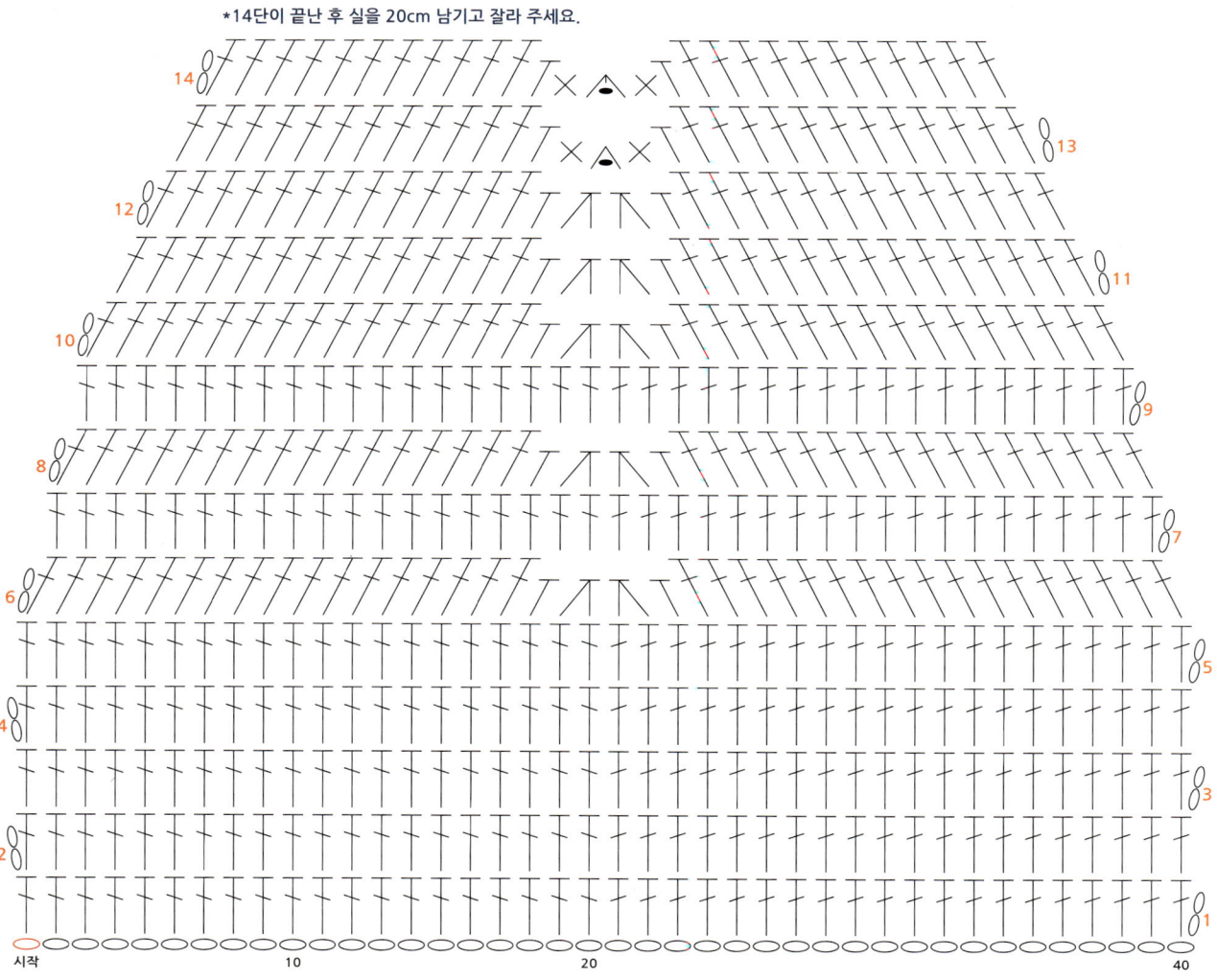

*14단이 끝난 후 실을 20cm 남기고 잘라 주세요.

시작 사슬 : 40코

M size

단 수	코 수	단 수	코 수
1~5단	44코	13단	34코
6~7단	42코	14단	32코
8~9단	40코	15단	31코
10~11단	38코	16단	29코
12단	36코		

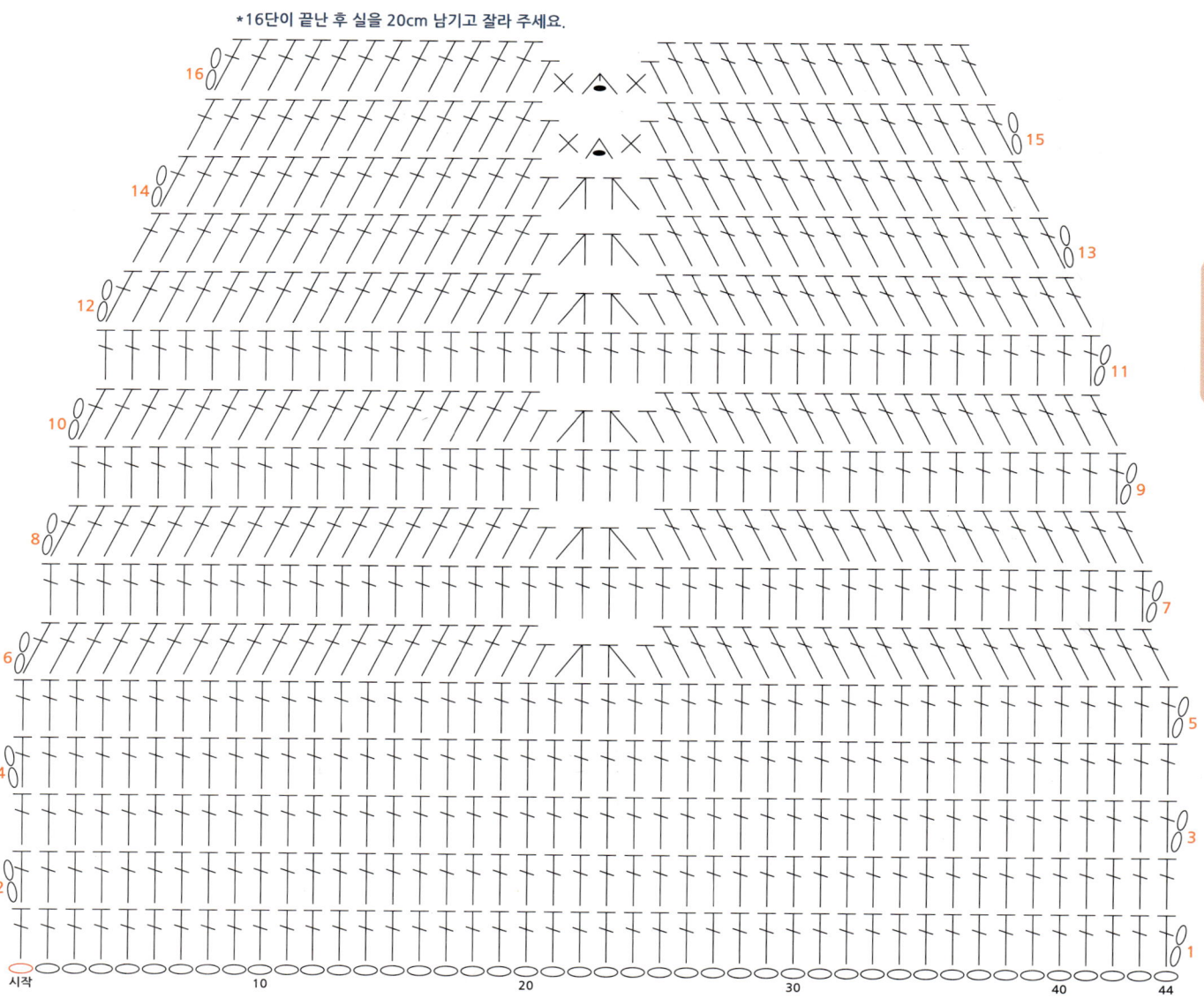

*16단이 끝난 후 실을 20cm 남기고 잘라 주세요.

시작 사슬 : 44코

L size

단수	코수	단수	코수
1~6단	50코	14단	40코
7~8단	48코	15단	38코
9~10단	46코	16단	36코
11~12단	44코	17단	35코
13단	42코	18단	33코

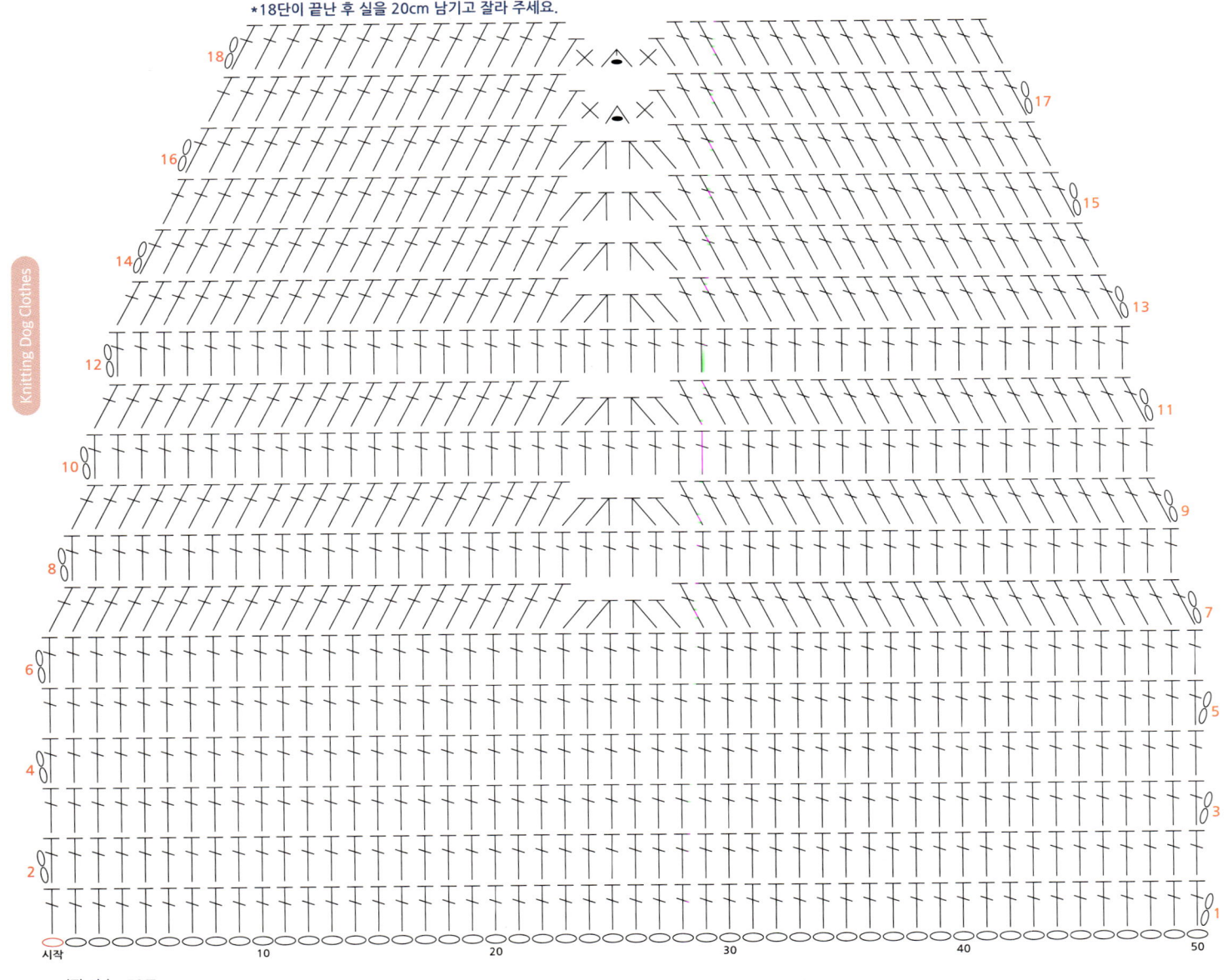

*18단이 끝난 후 실을 20cm 남기고 잘라 주세요.

시작 사슬 : 50코

XL size

단 수	코 수	단 수	코 수
1~6단	56코	16단	44코
7~8단	54코	17단	42코
9~10단	52코	18단	40코
11~12단	50코	19단	39코
13~14단	48코	20단	37코
15단	46코		

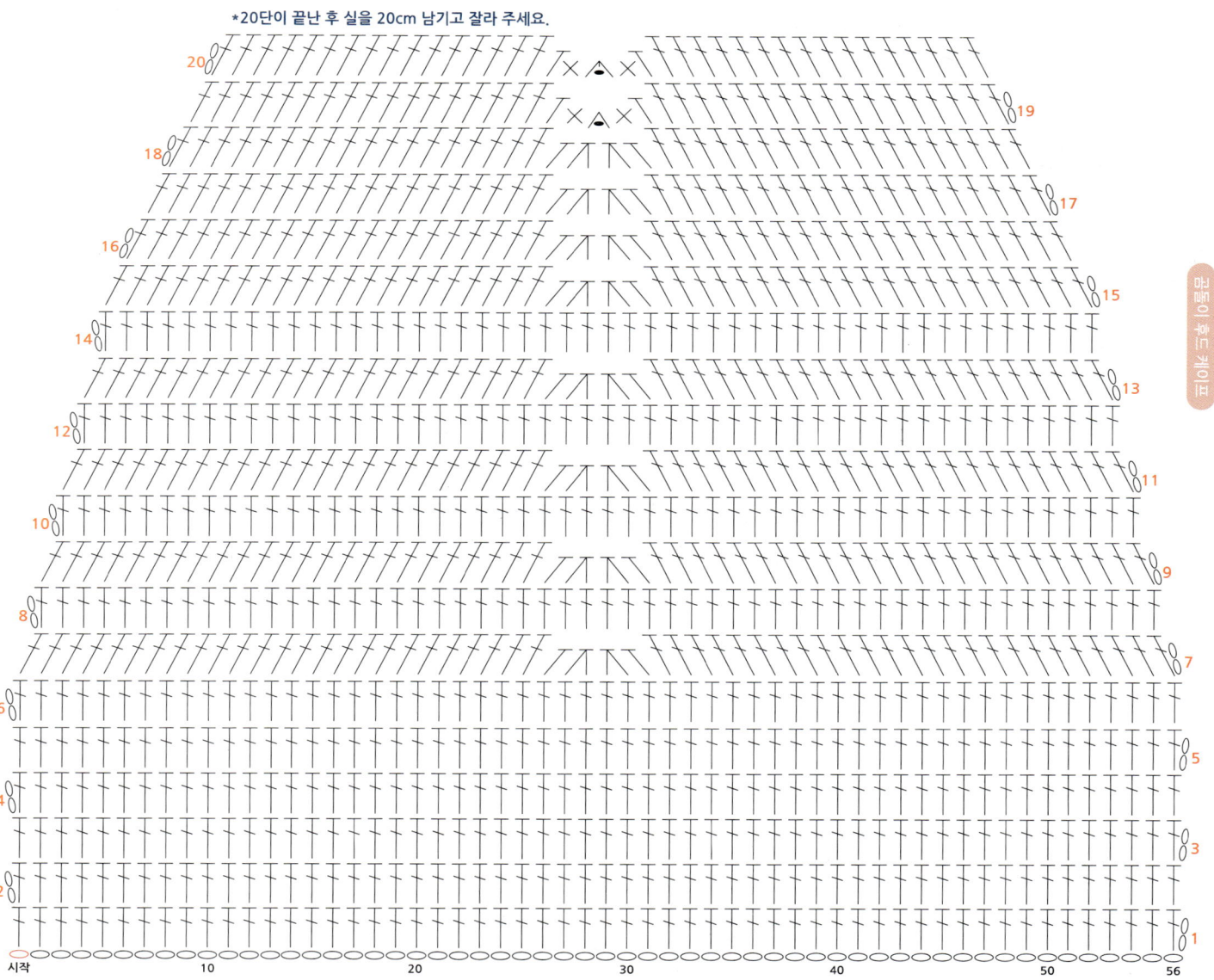

*20단이 끝난 후 실을 20cm 남기고 잘라 주세요.

시작 사슬 : 56코

귀 만들기

★ 시작 전 주의 사항

- 사이즈별 도안에 맞춰 작업을 시작해 주세요.
- 각 단의 시작에서는 항상 기둥코 1코를 만들어 주세요.
- 기둥코는 첫 코로 세지 않으므로 무시하고, 바로 첫 번째 코에 짧은뜨기를 하여 단을 시작합니다.

S~M size

단 수	코 수
1단	6코
2단	12코
3~6단	18코

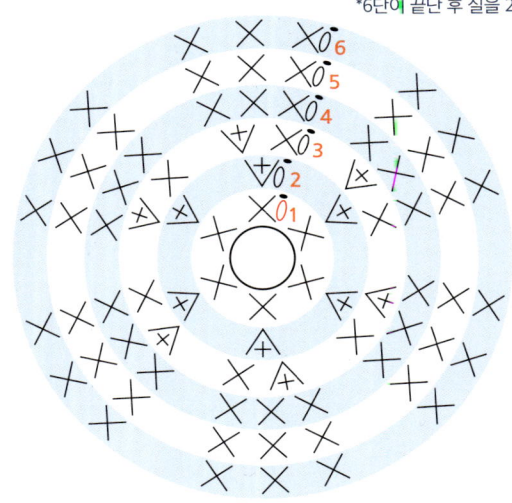

*6단이 끝난 후 실을 20cm 남기고 잘라 주세요.

L~XL size

단 수	코 수
1단	6코
2단	12코
3단	18코
4~7단	24코

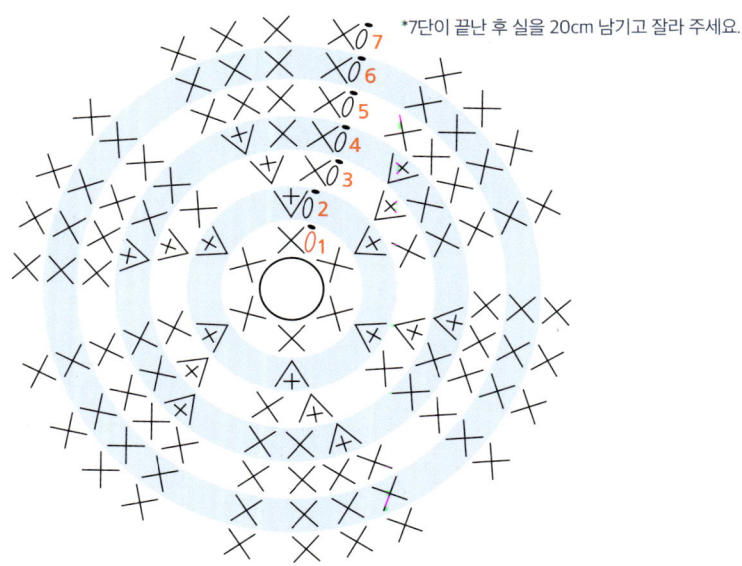

*7단이 끝난 후 실을 20cm 남기고 잘라 주세요.

모자 & 케이프 연결하기

1 모자 부분을 완성한 상태입니다.

2 사진과 같이 모자 부분을 반으로 접은 뒤, 길게 남겨 둔 실에 돗바늘을 끼워 주세요.

3 모자의 윗부분을 남겨 둔 실로 꿰매어 연결해 주세요. 사진과 같이 편물의 맞닿은 부분에서 각 코의 반 코씩만 바늘을 통과시켜 꿰매면 깔끔하게 마무리됩니다.

4 사진과 같이 맞닿은 코의 반 코씩을 잡아, 바늘을 아래에서 위로 통과시키며 꿰매 주세요.

5 같은 방법으로 바늘을 아래에서 위로 넣어 계속 꿰매 주세요.

6 편물이 빈틈없이 깔끔하게 이어지도록, 같은 방법을 끝까지 반복해 주세요.

7 완성된 모습입니다.

8 완성된 케이프와 모자를 단수 표시링을 이용해 임시로 고정해 주세요. 이때, 모자 끝의 코는 케이프의 한길긴뜨기 3코 늘림 부분에 연결합니다.

9 사진을 참고하여 코바늘로 모자와 케이프를 함께 잡고 연결할 준비를 해 주세요.

10 단수표시링이 불편하다면 제거하고 작업해도 됩니다.

11 케이프와 모자의 코를 함께 잡은 상태에서 실을 연결해 작업을 시작해 주세요.

12 사슬 1코를 만들어 주세요.

13 모자와 케이프의 코를 함께 잡고 각 코마다 짧은뜨기를 하여 두 편물을 연결해 주세요.

14 과정 8번에 단수표시링으로 연결한 곳까지 짧은뜨기로 모두 연결해준 모습입니다

15 바로 사슬 2코를 만들어 주세요.

16 한길긴뜨기 3코를 늘려준 케이프 부분에 다시 한길긴뜨기를 해주세요.

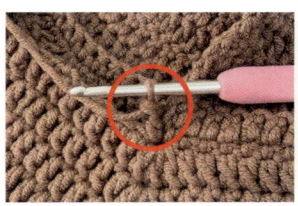
17 한길긴뜨기 해준 모습입니다.

18 한길긴뜨기를 반복하여, 기둥코 바로 전 코까지 떠 주세요.

19 기둥코와 그 옆의 한길긴뜨기 코를 이용해, 한길긴뜨기 두 코 모아뜨기를 해주세요. 두 코를 하나로 줄여주는 방식입니다.

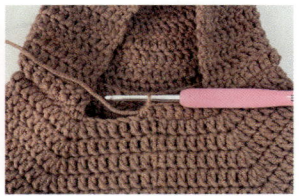
20 한길긴뜨기 두 코 모아뜨기를 마친 모습입니다.

21 모아뜨기 이후, 다음 코부터는 각 코마다 한길긴뜨기를 한 개씩 떠 주세요.

22 모자 옆면에는 한길긴뜨기를 일정한 간격으로 채워 넣습니다. 한길긴뜨기의 몸통 위에 하나, 몸통과 몸통 사이에도 하나씩 번갈아가며 한길긴뜨기를 떠 주세요.

23 모자 옆면의 한길긴뜨기 몸통 위에 한 코를 떠준 모습입니다.

24 사진을 참고하여, 모자 옆면을 따라 한 코씩 한길긴뜨기를 떠 가며 채워 주세요.

25 앞서 꿰맨 부분에 도달하면, 보이는 반 코씩 잡아 한길긴뜨기 두 코 모아뜨기를 해주세요.

26 한길긴뜨기 두 코 모아뜨기 해준 모습입니다.

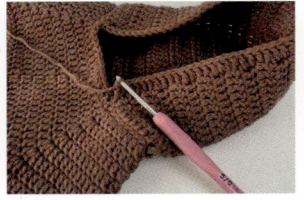
27 반대편 모자 옆면도 동일한 방법으로 한 코씩 한길긴뜨기를 떠 주세요.

28 모자 옆면을 모두 채웠다면, 처음 한길긴뜨기를 시작한 곳에 빼뜨기해 마무리해 주세요.

29 빼뜨기한 후, 사슬 2코를 만들어 주세요.

30 첫 번째 한길긴뜨기 몸통을 감싸 안듯이, 앞걸어 한길긴뜨기를 해 주세요.

31 앞걸어 한길긴뜨기를 해준 상태입니다.

32 다음 코는 한길긴뜨기 몸통 뒤쪽에서 바늘을 넣어, 뒤걸어 한길긴뜨기를 해 주세요.

33 뒤걸어 한길긴뜨기를 해준 상태입니다.

34 앞걸어 한길긴뜨기와 뒤걸어 한길긴뜨기를 하나씩 번갈아 가며 반복해 주세요.

35 앞걸어 한길긴뜨기와 뒤걸어 한길긴뜨기를 반복하며, 모자 끝까지 작업해 주세요.

36 첫 번째 코에 빼뜨기를 한 뒤, 실을 잘라 마무리해 주세요.

끈 만들기

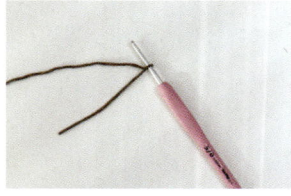

1 먼저 코바늘에 실을 연결해 준비합니다. (p.16 참고)

2 사이즈별 사슬 개수는 아래와 같습니다.
S : 110코 / M : 120코 / L : 140코 / XL : 150코

3 사슬 뒤쪽의 코 산에 빼뜨기를 하나씩 해 주세요. 첫 번째 코는 건너뛰고, 두 번째 코부터 빼뜨기를 시작합니다.

4 사진과 같이 사슬이 일자로 나오도록, 손에 힘을 빼고 부드럽게 빼뜨기해 주세요.

5 끝까지 빼뜨기를 한 후, 실을 잘라 마무리해 주세요.

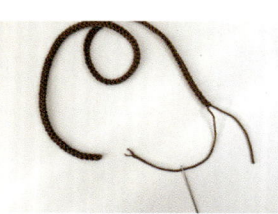

6 p.27를 참고하여 실 정리를 해 주세요.

7 모자 앞쪽 중간 지점부터, 앞걸어 한길긴뜨기를 해준 부분에만 바늘을 통과시켜 끈을 연결해 주세요.

8 끈을 한 바퀴 통과시킨 상태입니다. 연결이 완료되면, 남은 실은 돗바늘을 이용해 깔끔하게 숨겨 마무리해 주세요.

귀 연결하기

1. 완성된 귀는 원형 모양입니다. 이를 반으로 접은 뒤, 사진과 같이 중간이 살짝 움푹 들어가도록 형태를 잡아 주세요.

2. 귀를 원하는 위치에 고정한 뒤, 모자 편물과 한 코씩 맞춰 꿰매어 연결해 주세요.

3. 연결할 때는 귀 부분에 바늘을 먼저 오른쪽에서 왼쪽 방향으로 살짝 통과시켜 주세요.

4. 귀 부분을 통과시킨 후, 바로 아래의 모자 편물도 같은 위치에서 오른쪽에서 왼쪽 방향으로 바늘을 살짝 통과시켜 주세요.

5. 양쪽 귀를 모두 연결해 주면 완성입니다.

위의 QR코드로
들어가면 영상을
보실 수 있습니다.

난이도
★★★

#012

후르츠 케이프

귀여운 과일 모양 미니 가방이 달린 프릴 케이프입니다.
실을 두 가지 섞어 사용해 색감이 한층 풍성하고 예쁘게 표현됩니다.
딸기·포도 등 원하는 과일 모티브로 자유롭게 변형할 수 있어 색상과 디자인 응용이 가능합니다.
간단한 기법으로 제작할 수 있어 초보자도 쉽게 완성할 수 있습니다.

Knitting Supplies

사용한 실	롤리코튼 실 | 33 살몬핑크
	봉봉조이 실 | 05 복숭아솜털 팝
실 소요량	S~M사이즈: 롤리코튼 실 2볼 | 봉봉조이 실 1볼
	L~XL 사이즈: 롤리코튼 실 3볼 | 봉봉조이 실 1볼
사용한 도구	코바늘 5호(3.0mm), 코바늘 8호(5.0mm), 돗바늘, 단수표시링, 가위, 일반 바늘
준비물	단추 (지름 약 1.2cm)

사용된 코바늘 기법

○	×	⊕	T	⊤	⋎	⋏	⋎	⋎	●
p.17	p.18	p.24	p.19	p.20	p.24	p.24	p.134 (5번 설명부터)	p.134 (5번 설명부터)	p.21
사슬뜨기	짧은뜨기	짧은뜨기 두 코 늘려뜨기	긴뜨기	한길긴뜨기	한길긴뜨기 세 코 늘려뜨기	한길긴뜨기 두 코 모아뜨기	이랑뜨기 두길긴뜨기 세 코 늘려뜨기	이랑뜨기 두길긴뜨기 네 코 늘려뜨기	빼뜨기

케이프 만들기

★ 시작 전 주의 사항

- 실 두 가닥을 함께 잡아 시작합니다. 코바늘은 8호를 사용합니다.
- 시작 사슬코 개수에 맞춰 사슬을 만들고, 첫 코에 빼뜨기하여 원형을 만들어 주세요.
- 단이 새로 시작될 때는 항상 기둥코 1코를 만든 뒤, 기둥코는 무시하고 첫 코에 짧은뜨기를 하며 시작합니다.
- 각 단마다 반드시 편물을 뒤집어가며 떠 주세요.

S size

단 수	코 수
1단	38코
2단	42코
3단	46코
4단	50코
5단	54코

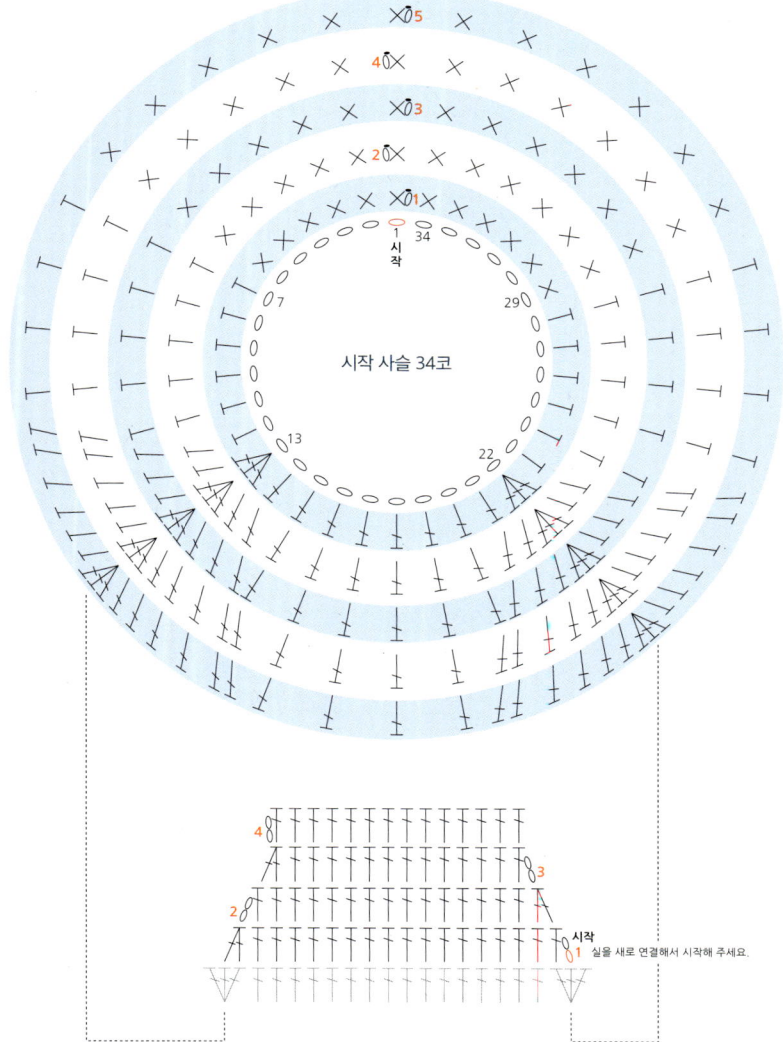

시작 사슬 34코

실을 새로 연결해서 시작해 주세요.

단 수	코 수
1단	18코
2단	16코
3~4단	14코

M size

단 수	코 수
1단	44코
2단	48코
3단	52코
4단	56코
5단	60코
6단	64코

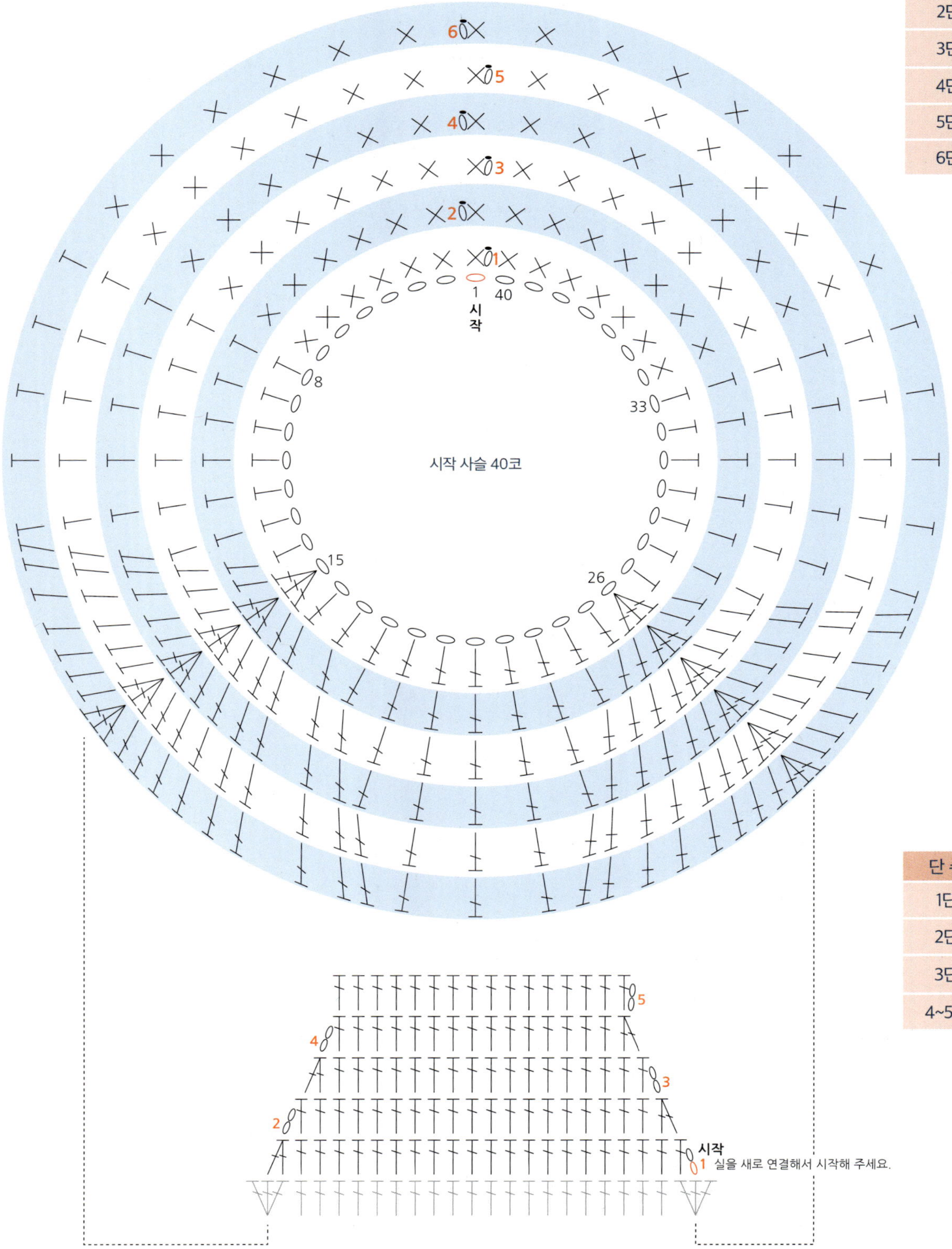

시작 사슬 40코

단 수	코 수
1단	22코
2단	20코
3단	18코
4~5단	16코

시작 1 실을 새로 연결해서 시작해 주세요.

129

L size

단 수	코 수
1단	50코
2단	54코
3단	58코
4단	62코
5단	66코
6단	70코
7단	74코

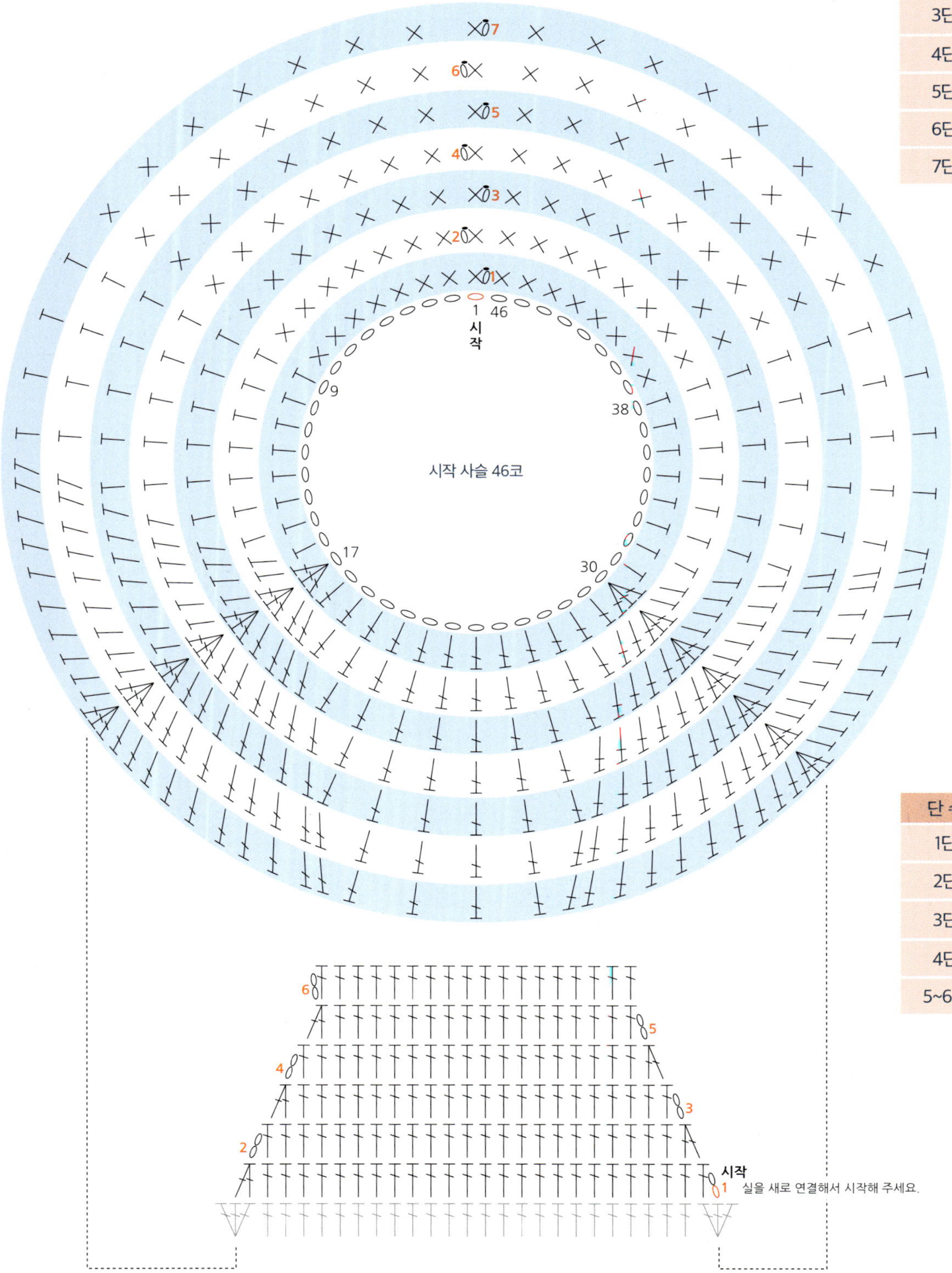

시작 사슬 46코

단 수	코 수
1단	26코
2단	24코
3단	22코
4단	20코
5~6단	18코

시작 실을 새로 연결해서 시작해 주세요.

XL size

단수	코수
1단	56코
2단	60코
3단	64코
4단	68코
5단	72코
6단	76코
7단	80코
8단	84코

시작 사슬 52코

단수	코수
1단	30코
2단	28코
3단	26코
4단	24코
5단	22코
6~7단	20코

실을 새로 연결해서 시작해 주세요.

테두리 만들기

1 각 사이즈 도안을 참고해 케이프를 만들어 와 주세요.
(마지막 코에 단수표시링을 걸어 둡니다.)

2 마지막 단이 끝난 지점에서 바로 이어, 겉 테두리를 짧은뜨기로 떠줍니다.

3 사슬 1코를 만들어 주세요.

4 사진과 같이 한길긴뜨기 몸통 부분에 바늘을 넣어 짧은뜨기 1코를 해 주세요.

5 짧은뜨기 1코를 마친 모습입니다. 지금 만든 코에 단수표시링을 걸어 첫 번째 코를 표시해 주세요.

6 이어 사진의 화살표 부분, 즉 한길긴뜨기와 한길긴뜨기 사이에 바늘을 넣어 주세요.

7 그리고 짧은뜨기 해 주세요.

8 짧은뜨기를 마친 모습입니다. 이어 다음 한길긴뜨기 몸통에 짧은뜨기 1코를 해 주세요.

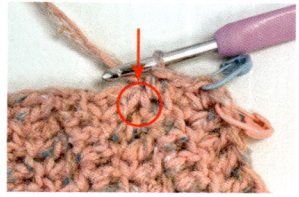

9 다시 한길긴뜨기와 한길긴뜨기 사이, 화살표 방향을 참고하여 바늘을 넣어 주세요.

10 바늘을 넣은 후 짧은뜨기 1코를 해 주세요.

11 단 옆면 부분을 따라 짧은뜨기를 반복해 주세요.

12 단 옆면이 끝나고 단 윗면이 나오면, 보이는 코를 따라 짧은뜨기를 한 코에 한 코씩 해 주세요.

13 모서리 전까지 짧은뜨기를 완성해 주세요.

14 모서리 코에는 짧은뜨기 두 코 늘려뜨기 해 주세요.

15 마지막 코 전까지 짧은뜨기를 반복해 주세요.

16 마지막 코에는 짧은뜨기 1코만 해 주세요.

17 그리고 실을 여유 있게 잘라줍니다.

18 코바늘을 위로 잡아당겨 실을 빼 주세요.

19 돗바늘에 실을 끼워 주세요.

20 테두리 단을 시작했던 첫 번째 짧은뜨기 코에 바늘을 넣어 통과시켜 주세요.

21 그리고 테두리 단의 마지막 짧은뜨기 코 위쪽 한 가닥에 바늘을 통과시켜 주세요.

22 이렇게 하면 코가 하나 더 생겨 자연스럽게 마무리됩니다.

23 실을 정리해 주세요.

프릴 장식 만들기

1 완성된 케이프와 프릴 장식을 위한 실을 준비해 주세요. 이때 코바늘 5호를 사용하며, 실은 섞지 않고 한 가지 색만 사용합니다. 사진과 같이 완성된 케이프의 중간 부분에서 시작합니다. (아무 위치에서나 시작해도 됩니다.)

2 이랑뜨기로 뜨므로 코의 뒤쪽 한 가닥만 잡아 주세요.

3 실을 매듭 짓기(p.16)로 바늘에 연결해 주세요.

4 사슬 3코를 만들어 주세요.

5 바늘에 실을 두 번 감아 주세요.

6 같은 자리에 다시 바늘을 넣어 주세요.

7 바늘에 실을 한 번 감아 방금 넣은 자리를 통과시켜 주세요.

8 통과한 모습입니다. 바늘에 실 4가닥이 걸려 있습니다.

9 바늘에 실을 한 번 감아 걸려 있던 실 4가닥 중 2가닥을 통과시킵니다.

10 통과한 모습입니다. 바늘에 실 3가닥이 걸려 있습니다.

11 다시 바늘에 실을 한 번 감아, 실 3가닥 중 2가닥을 통과시켜 주세요.

12 통과한 모습입니다. 바늘에 실 2가닥이 걸려 있습니다.

13 다시 바늘에 실을 한 번 감아, 실 2가닥 모두를 통과시켜 주세요.

14 방금 작업한 것이 이랑뜨기 두길긴뜨기 기법입니다.

15 같은 자리에 이랑뜨기 두길긴뜨기를 2코 더 만들어, 총 3코가 되게 해 주세요. (기둥코는 제외)

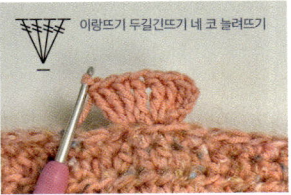

16 다음 코에는 이랑뜨기 두길긴뜨기 4코를 만들어 주세요.

17 이랑뜨기 두길긴뜨기 3코 늘려뜨기와 이랑뜨기 두길긴뜨기 4코 늘려뜨기를 번갈아가며 테두리 전체를 뜹니다.

18 마지막 코까지 뜬 모습입니다.

19 첫 번째 코에 빼뜨기해 마무리합니다.

배 고정 끈 만들기

★ 시작 전 주의 사항

- 실 한 가닥으로 시작하며, 코바늘은 5호를 사용합니다.
- 단을 새로 시작할 때는 항상 기둥코 2코를 만든 뒤, 기둥코는 무시하고 첫 코에 한길긴뜨기를 하여 시작합니다.
- 반복되는 패턴이므로, 사이즈에 맞게 단수를 조절해 완성합니다. (짧은 끈 1개와 긴 끈 1개, 총 2개를 만들어 주세요.)

S~M size

사이즈에 맞게 단을 채워 완성한 뒤, 실을 약 20cm 남기고 잘라 주세요.

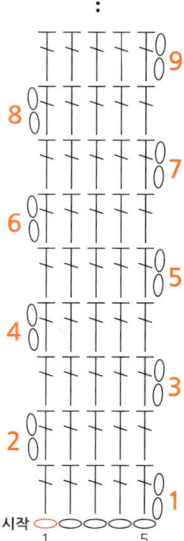

S size: 짧은 끈은 5단, 긴 끈은 13단까지 만들어 주세요.
M size: 짧은 끈은 6단, 긴 끈은 15단까지 만들어 주세요.

L~XL size

사이즈에 맞게 단을 채워 완성한 뒤, 실을 약 20cm 남기고 잘라 주세요.

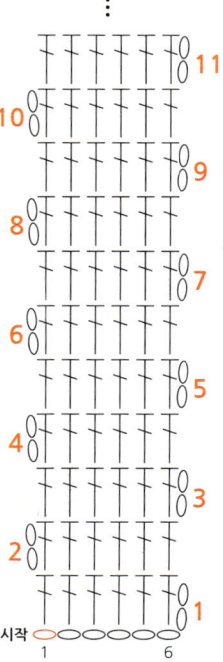

L size: 짧은 끈은 7단, 긴 끈은 17단까지 만들어 주세요.
XL size: 짧은 끈은 8단, 긴 끈은 19단까지 만들어 주세요.

배 고정 끈 연결하기

1 배 고정끈 도안을 참고해 짧은 끈과 긴 끈을 각 1개씩 만들어 주세요.

2 사진과 같이 케이프를 편안하게 접은 뒤, 긴 끈의 꼬리 실에 돗바늘을 연결해 케이프 뒷판의 중앙에 놓아 주세요.

3 돗바늘을 이용해 케이프에 꿰매어 고정해 주세요.

4 짧은 끈 역시 반대쪽에 꿰매어 고정해 주세요.

5 모든 끈이 고정된 상태입니다.

6 짧은 끈에 단추 2개를 달아 주세요.

7 짧은 끈에 단추를 달아 완성한 모습입니다.

8 긴 끈의 한길긴뜨기 사이에 단추를 끼워 고정할 수 있습니다.

#012
후르츠 가방

후르츠 케이프와 함께하면 더욱 사랑스러운 과일 모양의 미니 가방이에요.
실 색상을 바꾸면 딸기, 포도, 파인애플 등 다양한 과일로 연출할 수 있어
계절이나 스타일에 맞게 응용하기 좋아요.
또한 일반 옷에도 장식처럼 달아주어 포인트 액세서리로 활용할 수 있습니다.

Knitting Supplies

사용한 실	롤리코튼 실
	49 포도 l 68 잔디
실 소요량	컬러 각 1볼씩 총 2볼로 가방 3~4개 제작
사용한 도구	코바늘 5호(3.0mm), 돗바늘, 단수표시링, 가위, 일반 바늘
준비물	옷핀(24mm)

사용된 코바늘 기법

가방 만들기

★ 시작 전 주의 사항
- 1단을 완성한 뒤, 첫 코에 빼뜨기하여 원형을 만듭니다.
- 각 단이 끝날 때는 첫 코에 빼뜨기를 한 후, 이어서 첫 코 다음 사슬코에도 빼뜨기를 하고 다음 단을 시작합니다.
- 새로운 단을 시작할 때는 항상 기둥코 2코를 만든 뒤, 기둥코는 무시하고 시작합니다.
- 7단은 연두색 실로 떠 주세요.

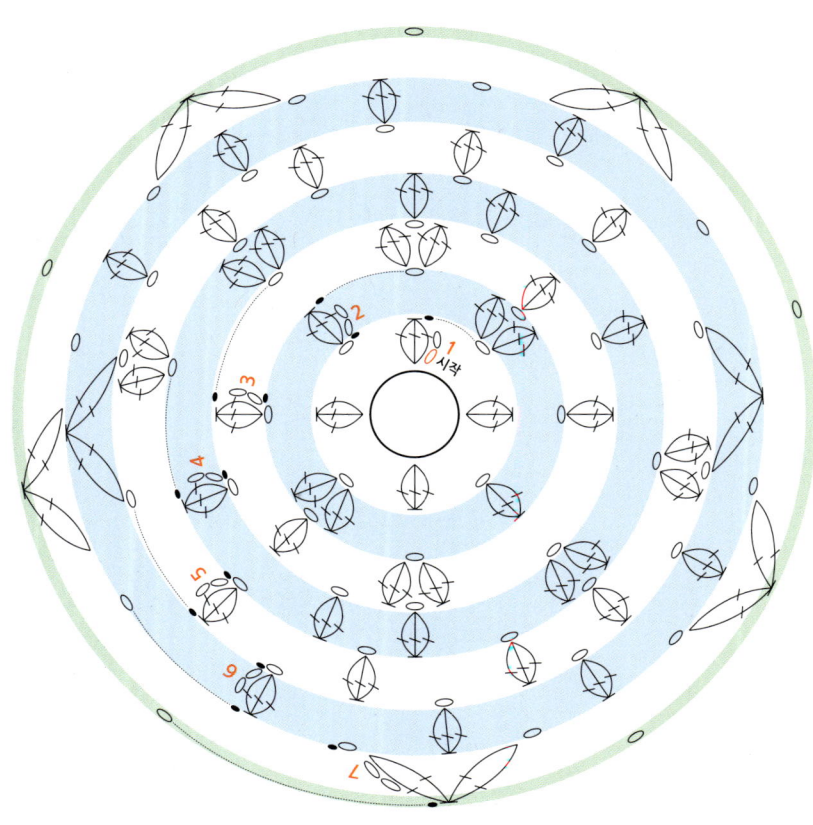

끈 만들기

1 코바늘에 매듭 짓기(p.16)로 실을 연결하여 준비해 주세요.

2 가방 5단과 6단 사이에 빼뜨기로 실을 연결합니다.

3 사슬을 만들어 주세요.
S : 90코 / M : 100코 / L : 120코 / XL : 130코

4 사슬뜨기를 모두 완성한 모습입니다.

5 실을 처음 연결했던 위치의 반대쪽에 빼뜨기를 해 사슬을 연결해 주세요.

6 빼뜨기 한 모습입니다.

7 이어서 사슬 1코를 해주세요.

8 방금 만든 사슬코 다음 코산부터 시작해, 사슬 코 전체에 빼뜨기를 하여 되돌아와 주세요.

9 빼뜨기를 완성한 모습입니다.

10 사진을 참고하여 옷핀을 연결해 주세요.

11 완성된 모습입니다.

위의 QR코드로
들어가면 영상을
보실 수 있습니다.

난이도 ★★★

#013

바다 물결 스카프

시원한 여름 바다 느낌을 가득 담은 스카프예요. 목에 두르는 형태라 착용이 간편하고,
다양한 사이즈로 만들어 여러 반려동물에게 활용할 수 있습니다.
출렁이는 파도와 귀여운 바다 친구들 장식이 포인트가 되어 톡톡 튀는 분위기를 더해 줍니다.
또한 색상 조합에 따라 전혀 다른 매력을 낼 수 있어, 나만의 특별한 스카프를 완성할 수 있답니다!

Knitting Supplies

사용한 실 헤라코튼 실 | 215 파스텔연블루 | 226 소라블루 | 202 파스텔연하늘
224 베이지그레이 | 234 밤색 | 217 아이보리 | 210 파스텔라임 | 236 올리브그린

실 소요량 S~XL 사이즈 : 스카프 3~4개 만들어요.
2XL~3XL 사이즈 : 스카프 2~3개 만들어요.
거북이는 20마리 이상 만들 수 있습니다

사용한 도구 코바늘 4호(2.5mm), 돗바늘, 단수표시링, 가위

준비물 귀여운 바다 친구들 장식

사용된 코바늘 기법

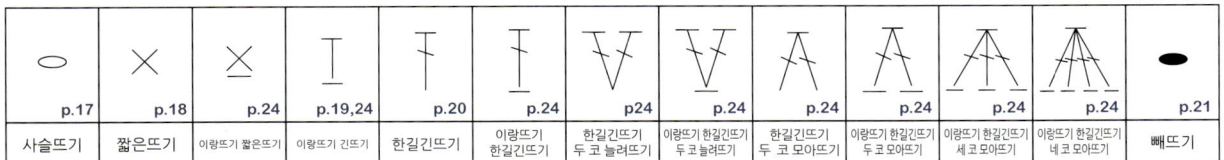

스카프 만들기

★ 시작 전 주의 사항

- 새 단을 시작할 때는 항상 기둥코를 만든 후, 기둥코는 제외하고 첫 코부터 떠 주세요.
- 각 단이 끝날 때마다 편물을 뒤집어가며 떠 주세요.
- 도안에 표시된 색상에 맞게 실을 바꿔 사용해 주세요.
- 17단(S~M 사이즈)/19단(L~XL 사이즈)/23단(2XL~3XL)부터는 목둘레에 맞는 도안을 따라 떠 주세요.
  (16단(S~M 사이즈)/18단(L~XL 사이즈)/22단(2XL~3XL)까지는 동일하게 진행해 주세요.)

S~M size

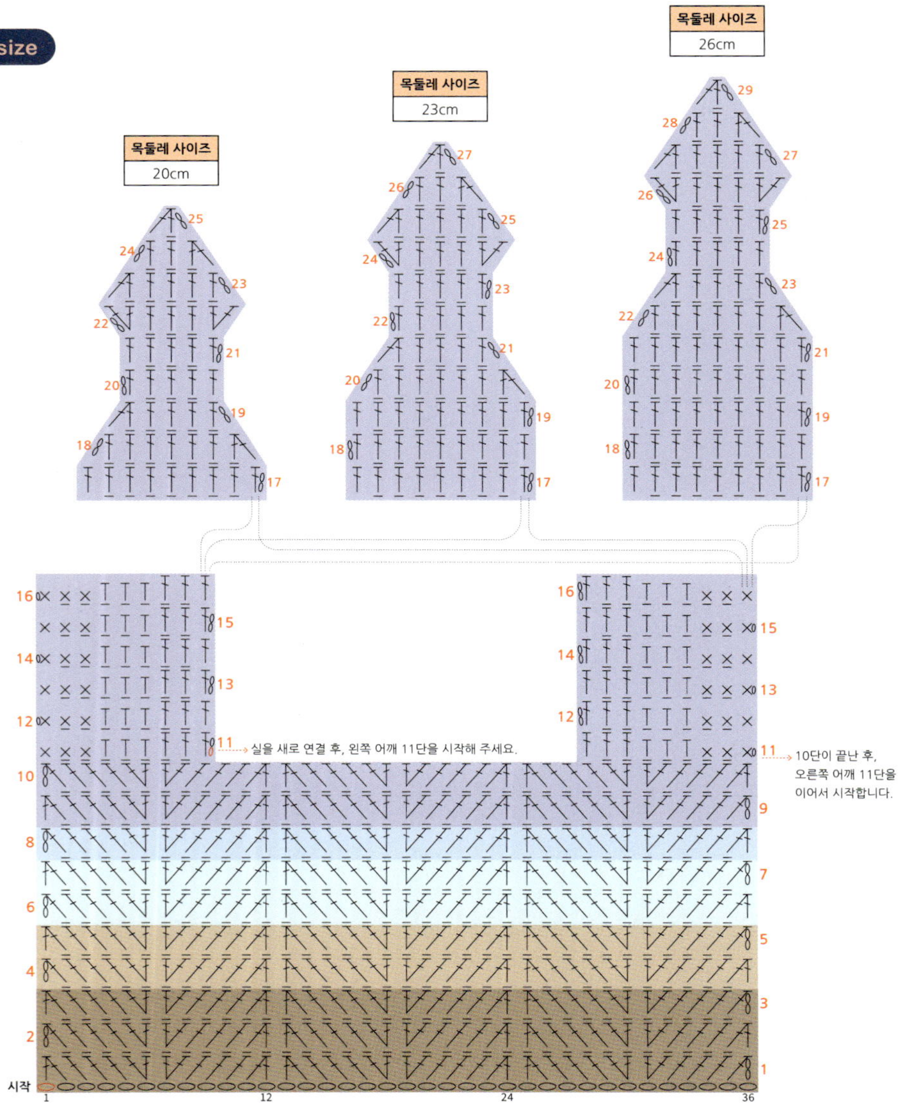

목둘레 사이즈 20cm

목둘레 사이즈 23cm

목둘레 사이즈 26cm

→ 실을 새로 연결 후, 왼쪽 어깨 11단을 시작해 주세요.

→ 10단이 끝난 후, 오른쪽 어깨 11단을 이어서 시작합니다.

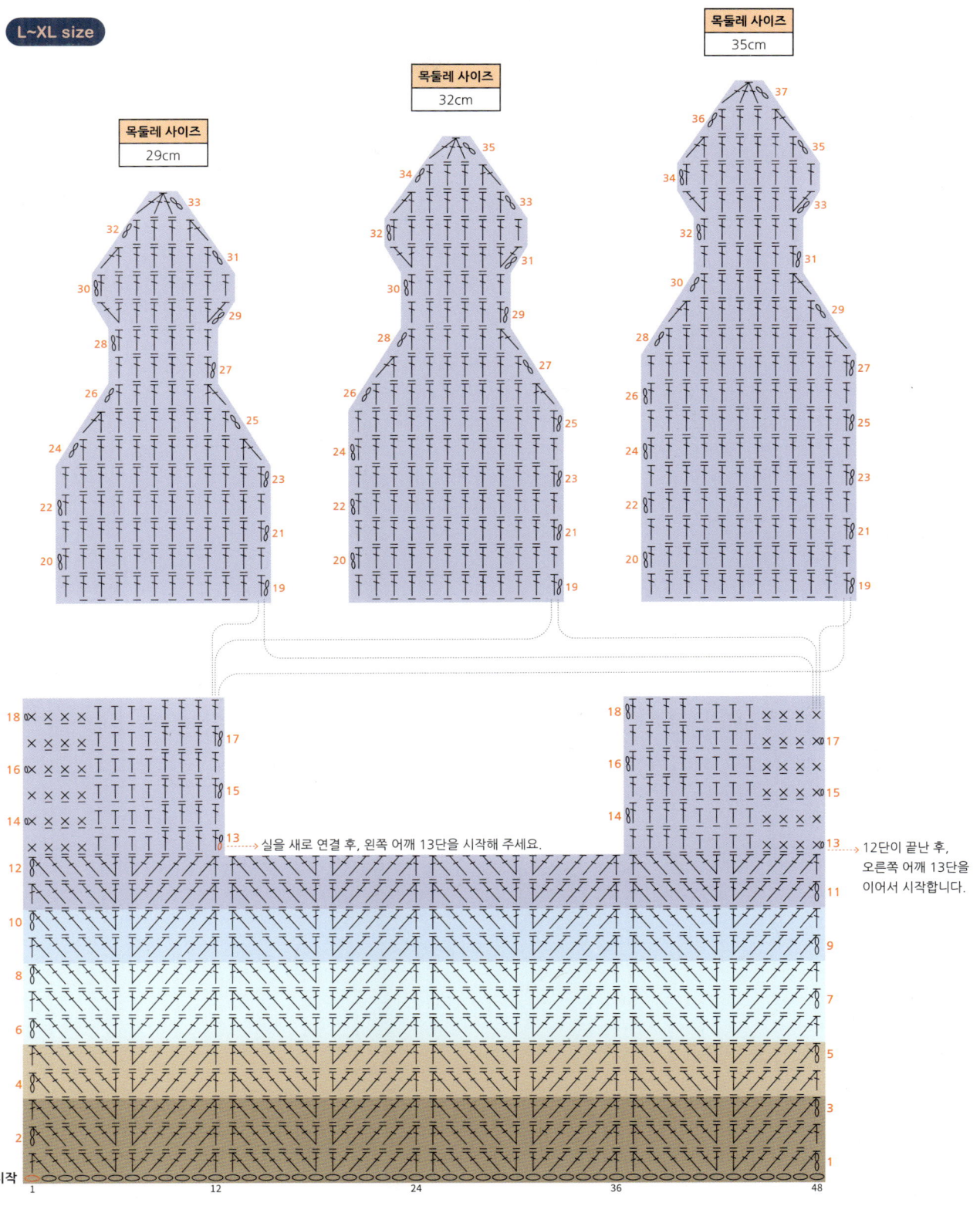

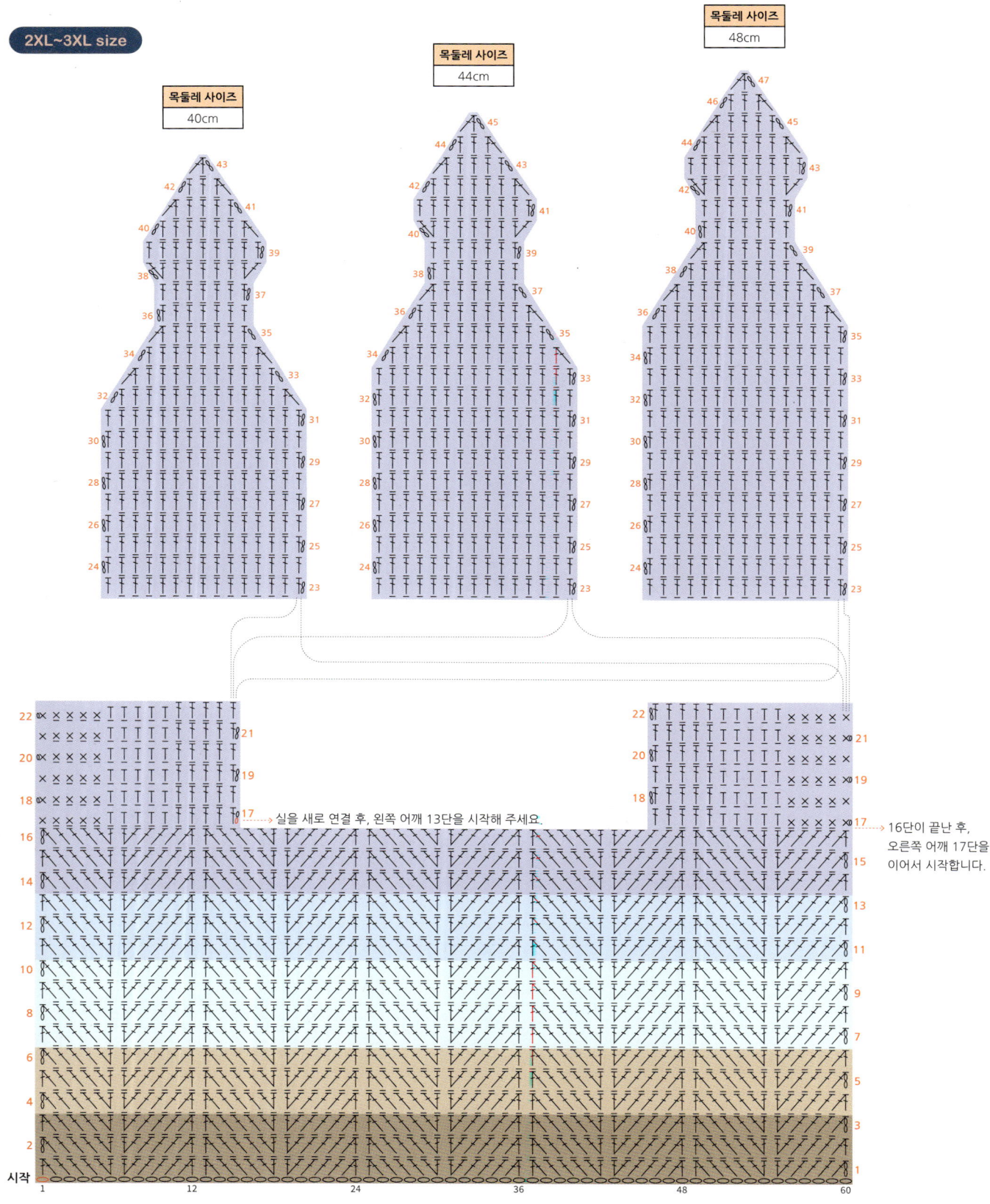

파도 만들기

★ 시작 전 주의 사항
- 파도의 길이는 원하는 만큼 자유롭게 만들어 주세요.
- 완성 후에는 손으로 주름을 잡아 예쁘게 정리해 주세요.

1 파도를 만들고 싶은 위치의 반 코가 보이는 코에 바늘을 넣어 실을 연결해 주세요.

2 이어서 사슬 3코를 만들어 주세요.(진행 방향은 화살표를 참고하여 떠 주세요.)

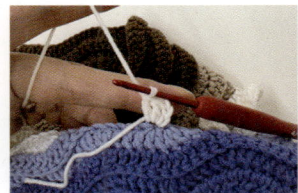

3 첫 코에는 사슬 3코와 한길긴 뜨기 2코를 떠 주세요.(이때 꼬리실은 함께 잡고 떠 주세요.)

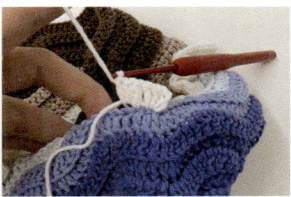

4 다음 코부터는 한 코에 한길긴 뜨기 3코씩 떠 주세요. 파도의 길이는 자유롭게 만들어 주세요.

5 완성된 모습입니다.

테두리 만들기

1 — 코바늘에 실을 연결한 뒤, 스카프 끝부분 아무 곳에 바늘을 넣고 빼뜨기해 주세요.

2 — 사슬 3코를 만들어 주세요.

3 — 다음 코는 넘어가고 그 다음 코에 빼뜨기해 주세요.

4 — 빼뜨기가 완료된 모습입니다.

5 — 이어서 바로 사슬 3코를 해 주세요.

6 — 다음 코는 넘어가고, 그 다음 코에 빼뜨기해 주세요. 이 과정을 반복하여 테두리를 일정한 간격으로 채워 주세요.

7 — 완성된 모습입니다.

끈 묶기

1 — 도안의 하얀 부분을 참고해 실로 돌돌 감아 앞쪽 끈을 고정해 주세요.

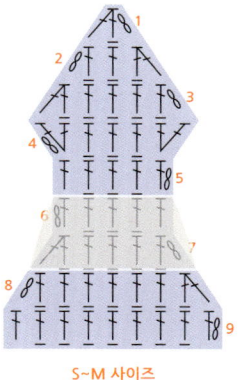 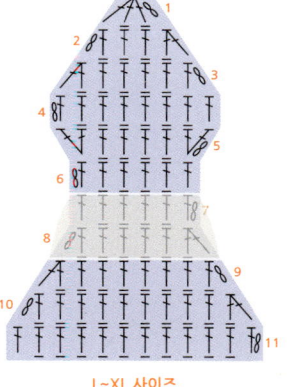 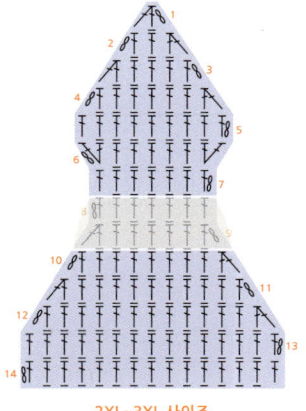

S~M 사이즈 · L~XL 사이즈 · 2XL~3XL 사이즈

거북이 장식 만들기

★ 시작 전 주의 사항

- 매직링으로 시작하여 1단을 완성한 뒤, 링을 조여 고정해 주세요.
- 새 단을 시작할 때는 항상 기둥코를 만든 후, 기둥코는 무시하고 첫 코부터 떠주세요.

사용된 코바늘 기법

○	×	T	V	T	●
p.17	p.18	p.19	p.24	p.20	p.21
사슬뜨기	짧은뜨기	긴뜨기	긴뜨기 두 코 늘려뜨기	한길긴뜨기	빼뜨기

1. 거북이 몸통 만들기(210 파스텔라임)
   - 3단이 끝나면 실을 약 30cm 남기고 잘라 주세요.

2. 거북이 등 만들기 (236 올리브그린)
   - 2단이 끝나면 실을 약 25cm 남기고 잘라 주세요.

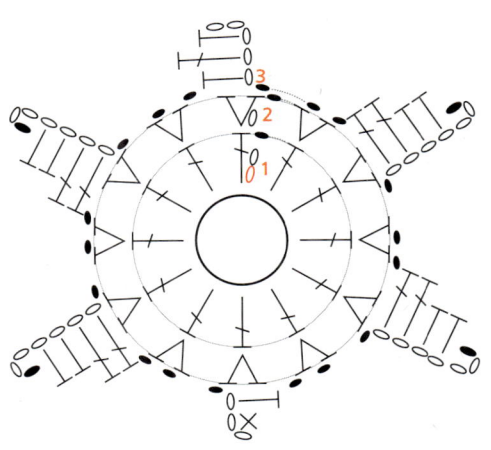
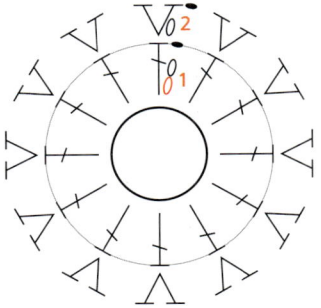

거북이 연결하기

1 완성된 거북이 등을 준비하고, 돗바늘에는 갈색 실을 연결해 주세요.

2 돗바늘을 이용해 거북이 등 한 코를 안면에서 겉면으로 통과시켜 주세요.

3 이어서 한 단 앞 코에 돗바늘을 다시 겉면에서 안면으로 통과시켜 주세요.

4 다시 두 코를 건너뛰고 세 번째 코에 돗바늘을 안면에서 겉면으로 넣어 통과시켜 주세요.

5 다시 한 단 앞 코에 돗바늘을 겉면에서 안면으로 통과시켜 주세요.

6 사진과 같은 모양이 될 때까지 반복해 주세요.

7 돗바늘을 사진과 같이 1번 갈색 세로줄 앞쪽으로 통과시켜 주세요.

8 그다음, 2번 갈색 줄이 있는 코로 돗바늘을 겉면에서 안면으로 통과시켜 주세요.

9 다시, 3번 갈색 세로줄이 있는 코로 돗바늘을 겉면으로 통과시켜 주세요.

10 다시 2번 갈색 세로줄 코에 돗바늘을 넣어 주세요. 이어서 4번으로 빼고, 3번으로 넣는 과정을 작은 원이 만들어질 때까지 반복해 주세요.

11 작은 원이 완성된 모습입니다.

12 뒤쪽에서 갈색 실을 묶은 뒤 잘라 주세요.

13 완성된 등과 거북이 몸통을 준비해 주세요.

14 등을 거북이 몸통 위에 올리고, 한 코씩 맞잡아 연결해 주세요.

15 연결한 뒤, 실을 매듭짓고 거북이 등 안쪽에 숨겨 마무리해 주세요.

16 거북이 몸통에 연결된 실을 이용해, 스카프의 원하는 위치에 거북이를 올려 꿰매어 고정해 주세요.

17 원하는 귀여운 장식을 더해 작품을 완성해 주세요.

위의 QR코드로
들어가면 영상을
보실 수 있습니다.

난이도
★★★

#014
바다 물결 티셔츠와 조개 가방

푸른 바다와 고운 모래사장을 담아낸 티셔츠입니다.
이랑뜨기와 물결무늬 기법으로 바다의 질감을 섬세하게 표현했고,
입체감 있게 표현된 출렁이는 파도 덕분에 옷 전체가 훨씬 생동감 있어 보여요.
함께 매치한 귀여운 조개 가방은 사랑스러운 포인트가 되어줄 거예요!

Knitting Supplies

사용한 실	헤라코튼 실 | 215 파스텔연블루 | 226 소라블루 | 202 파스텔연하늘 224 베이지그레이 | 234 밤색 | 217 아이보리
실 소요량	XS~S 사이즈 : 3~4벌 만들어요. M~XL 사이즈 : 1~2벌 만들어요. *조개 가방은 남은 흰 실로 약 2개 만들 수 있습니다*
사용한 도구	코바늘 4호(2.5mm), 돗바늘, 단수표시링, 가위
준비물	진주 (6mm, 8mm, 10mm), 옷핀 29mm, 단추

사용된 코바늘 기법

○	T	T	I	V	V	A	A	J	-
p.17	p.19	p.20	p.24	p.24	p.24	p.24	p.24	p.123 (30번 설명부터)	p.21
사슬뜨기	긴뜨기	한길긴뜨기	이랑뜨기 한길긴뜨기	한길긴뜨기 두 코 늘려뜨기	이랑뜨기 한길긴뜨기 두 코 늘려뜨기	한길긴뜨기 두 코 모아뜨기	이랑뜨기 한길긴뜨기 두 코 모아뜨기	앞걸어 한길긴뜨기	빼뜨기

티셔츠 만들기

★ 시작 전 주의 사항

- 기둥코 2코는 하나의 코로 세지 않으므로, 만들어 준 뒤 무시하고 작업을 시작해 주세요.
- 각 단이 끝날 때마다 편물을 뒤집어가며 떠 주세요.
- 알파벳 순서에 따라 차례대로 만들어 주세요.
- 파도는 p.145의 설명을 참고해 만들어 주세요.

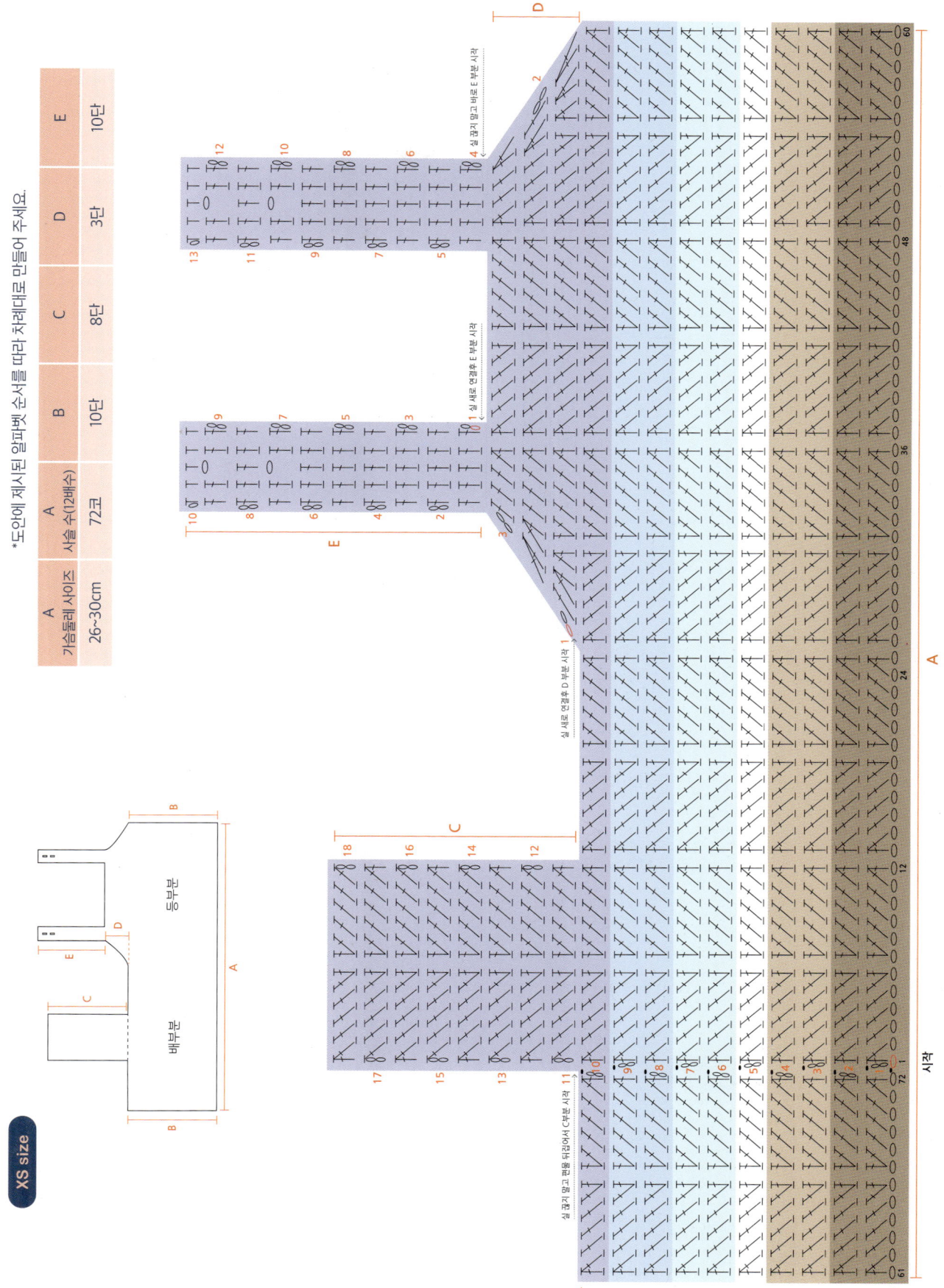

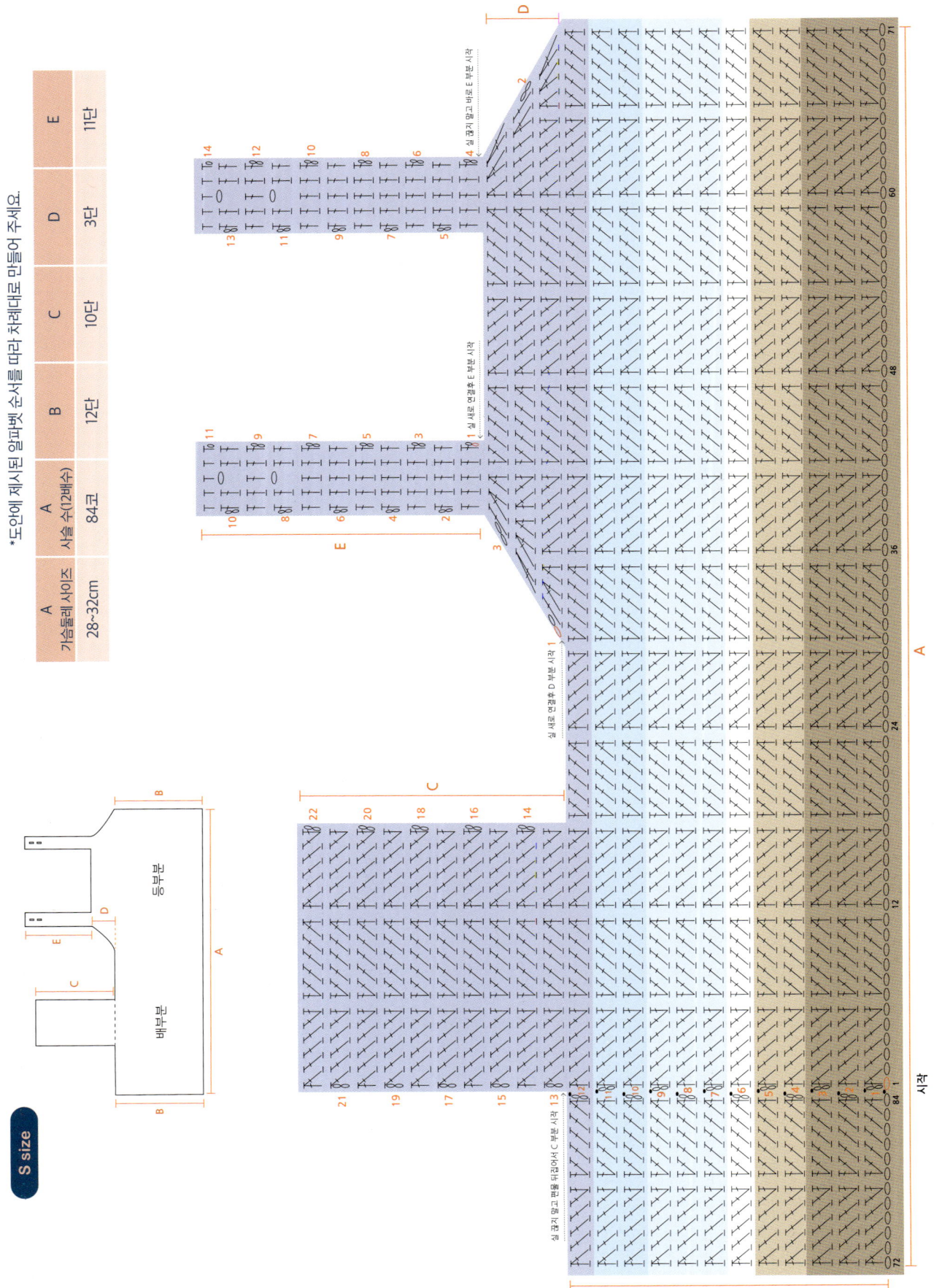

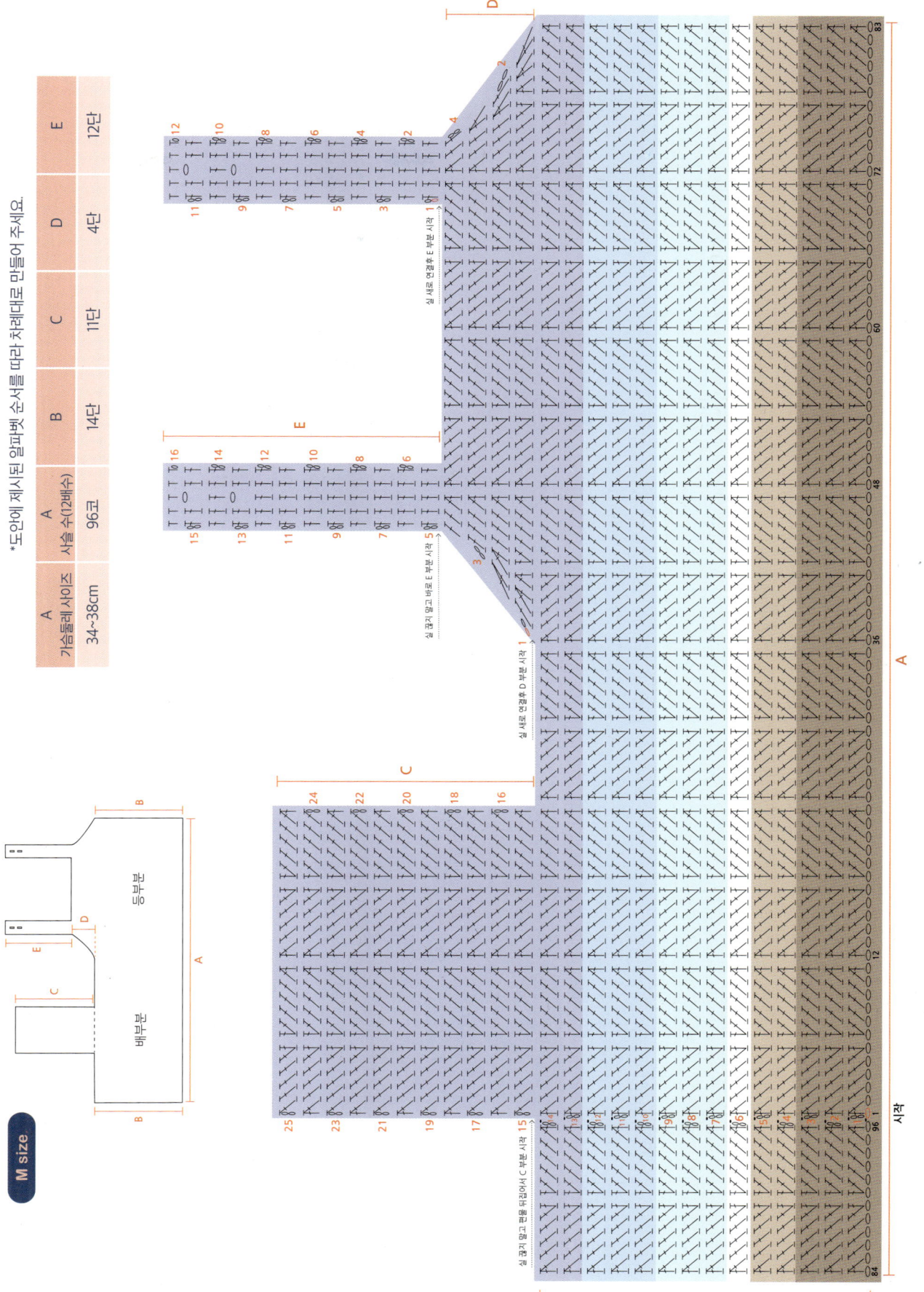

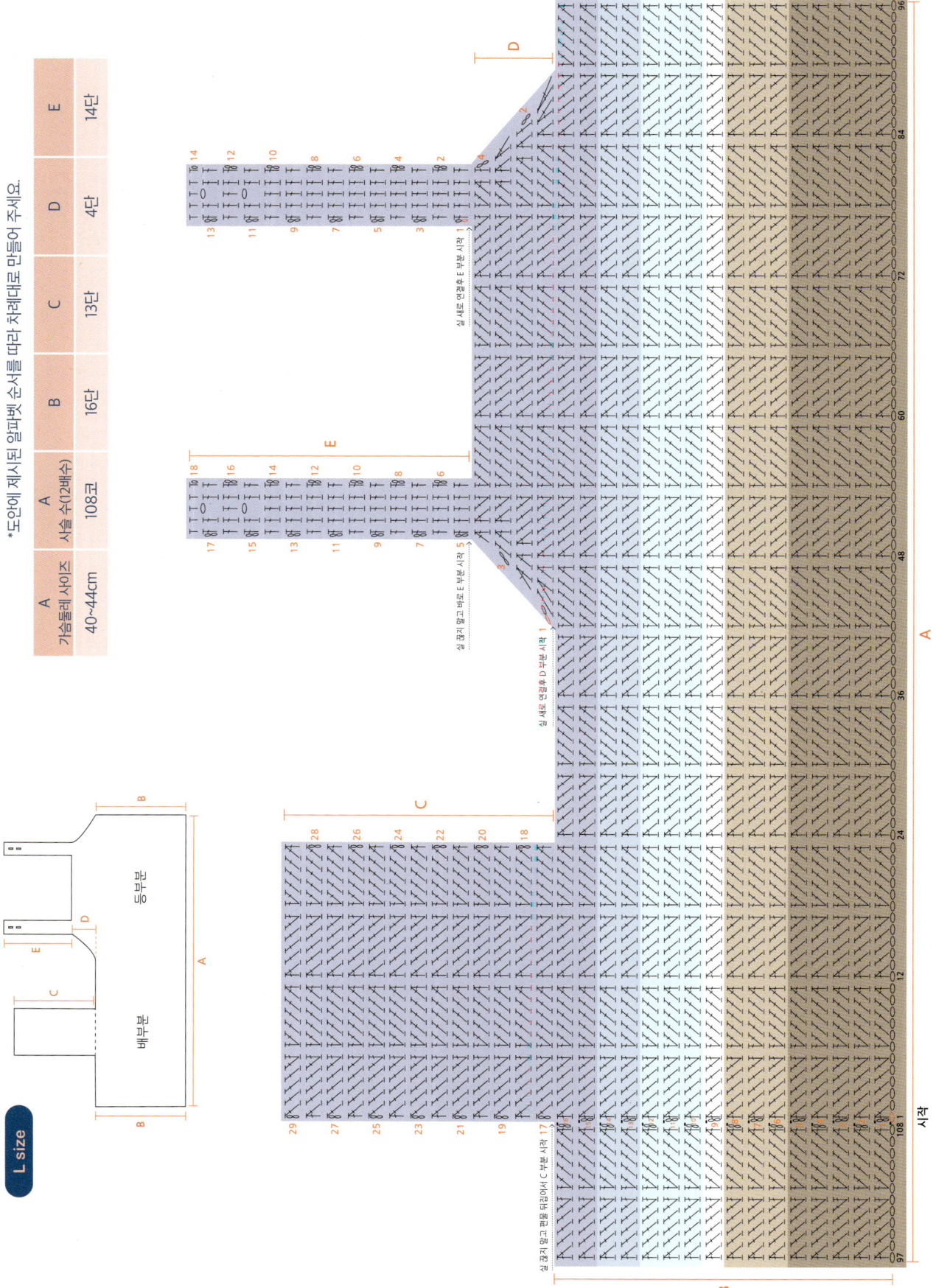

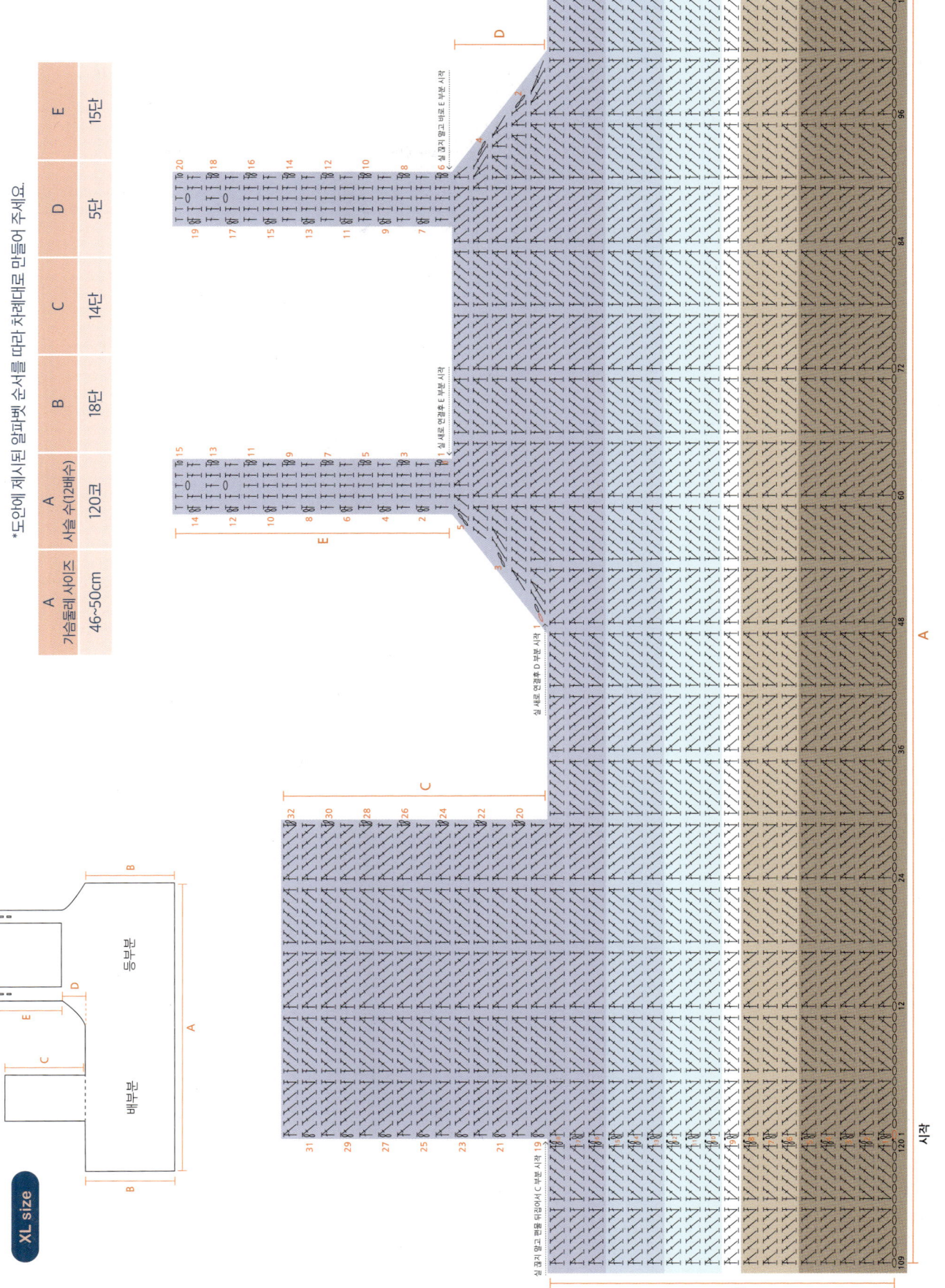

조개 가방 만들기

위의 QR코드로
들어가면 영상을
보실 수 있습니다.

★ **시작 전 주의 사항**

- 매직링으로 시작하여 1단을 완성한 뒤, 링을 조여 고정해 주세요.(p.23)
- 새 단을 시작할 때는 항상 기둥코 사슬 3코를 만듭니다. (기둥코 사슬 3코는 한길긴뜨기 1개와 같습니다.)
- 3단부터는 이전 단의 사슬코까지 빼뜨기로 이동한 뒤 단을 시작해 주세요.
- 10단부터는 p.160의 사진을 참고하면서 만들어 주세요.

* 단추 구멍 부분입니다.
(단추 크기에 맞게
사슬 개수를 조절해 주세요.)

조개 가방 테두리 & 끈 만들기

1 조개 가방 만들기 도안(p.158)을 참고해 9단까지 완성한 모습입니다. (단추 구멍 사슬코에 단수 표시링을 걸어 둡니다.)

2 이어서 사슬 1코를 해 준 뒤, 편물을 뒤집어 주세요.

3 빼뜨기를 한 코에 하나씩 모두 해 주어 테두리를 만들어 주세요.

4 빼뜨기를 모두 마친 모습입니다.

5 이어서 가방끈이 될 사슬을 촘촘히 100코 만들어 주세요. (끈은 묶어서 길이를 조절할 수 있으므로 넉넉하게 만들어도 됩니다.)

6 사슬코를 다 만든 후, 사진과 같은 자리에 빼뜨기해 고정시켜 주세요.

7 사슬 1코를 더 해 준 뒤, 실을 잘라내어 숨겨 주세요. (끈은 사진처럼 묶어서 길이를 조절하시면 됩니다.)

조개 아래 부분 만들기

1 매듭 짓기(p.16)로 코바늘에 실을 연결해 주세요.

2 조개 가방을 반으로 접은 상태 그대로 두고, 4단의 앞걸어 한길긴뜨기 몸통 부분에 실을 연결합니다.

3 이어서 사슬 2코를 만들어 주세요.

4 같은 자리에 바늘을 넣어 한길 긴뜨기 1코를 해 주세요.

5 다음으로 3단의 앞걸어 한길긴뜨기 몸통 부분에 바늘을 넣어, 한길긴뜨기 3코를 합니다.

6 다음으로 2단의 앞걸어 한길긴뜨기 몸통 부분에 바늘을 넣어 한길긴뜨기 3코를 합니다.

7 다음으로 1단의 한길긴뜨기 몸통 부분에 바늘을 넣어 한길긴뜨기 2코를 합니다.

8 그다음 역순으로 똑같이 진행한 뒤, 마무리해 주세요. (몸통 부분: 한길긴뜨기 2코, 3코, 3코, 1코)

장식 달기

1 단추 구멍 사슬이 마주보는 반대쪽 편물에 진주를 달아 주세요.

2 단추구멍 사슬에 연결한 진주를 통과시키면 가방이 여며집니다.

3 가방 뒤쪽에는 옷핀을 달아 주세요. (옷에 고정시키는 용도입니다.)

4 어깨끈이 고정될 수 있도록 옷에 단추를 답니다.

5 마지막으로 조개 가방에 진주를 장식하면 완성입니다.

Knitting Dog Clothes

위의 QR코드로
들어가면 영상을
보실 수 있습니다.

#015

스트라이프 베스트

가장 기본적인 디자인의 스트라이프 베스트입니다.
티셔츠처럼 심플한 실루엣으로, 가볍게 입히기 좋은 데일리 아이템이에요.
깔끔한 배색 줄무늬로 질리지 않는 매력을 느낄 수 있습니다.
색상 조합에 따라 캐주얼한 무드부터 세련된 무드까지
다양하게 연출할 수 있어 활용도가 높은 기본 디자인입니다.

Knitting Supplies

사용한 실	아르고DK 슈퍼파인 메리노울 570 크림DK ｜ 581 스카이블루DK(N)
실 소요량	S~M 사이즈 (색상별로 반볼씩 필요) L~XL 사이즈 (색상별로 1볼씩 필요)
사용한 도구	코바늘 5호(3.0mm), 돗바늘, 단수표시링, 가위

사용된 코바늘 기법

○ p.17	✕ p.18	⨇ p.24	✝ p.20	⋀ p.24	━ p.21
사슬뜨기	짧은뜨기	짧은뜨기 5코 늘려뜨기	한길긴뜨기	한길긴뜨기 두 코 모아뜨기	빼뜨기

티셔츠 만들기

★ 시작 전 주의 사항

- 도안 색상에 따라 실 색상을 교체하며 떠 주세요.
- 15단(S)/18단(M)/21단(L)/24단(XL)부터 18단(S)/24단(M)/28단(L)/34단(XL)까지는 편물을 뒤집어가며 떠 주세요.
- 시작 사슬코 개수에 맞춰 사슬을 만들고, 첫 코에 빼뜨기하여 원형을 만들어 주세요.

[등 부분]: 도안의 겉으로 드러나는 메인 패턴
[안쪽 부분]: 배 쪽에 닿는 면, 안감 느낌

완성된 옷 사이즈

S size 도안   가슴 둘레 : 28~32cm
              시작 사슬 : 70코
              등 길이 : 15cm

M size 도안   가슴 둘레 : 34~38cm
              시작 사슬 : 80코
              등 길이 : 17cm

L size 도안   가슴 둘레 : 40~44cm
              시작 사슬 : 90코
              등 길이 : 21cm

XL size 도안 가슴 둘레 : 46~50cm
              시작 사슬 : 108코
              등 길이 : 25cm

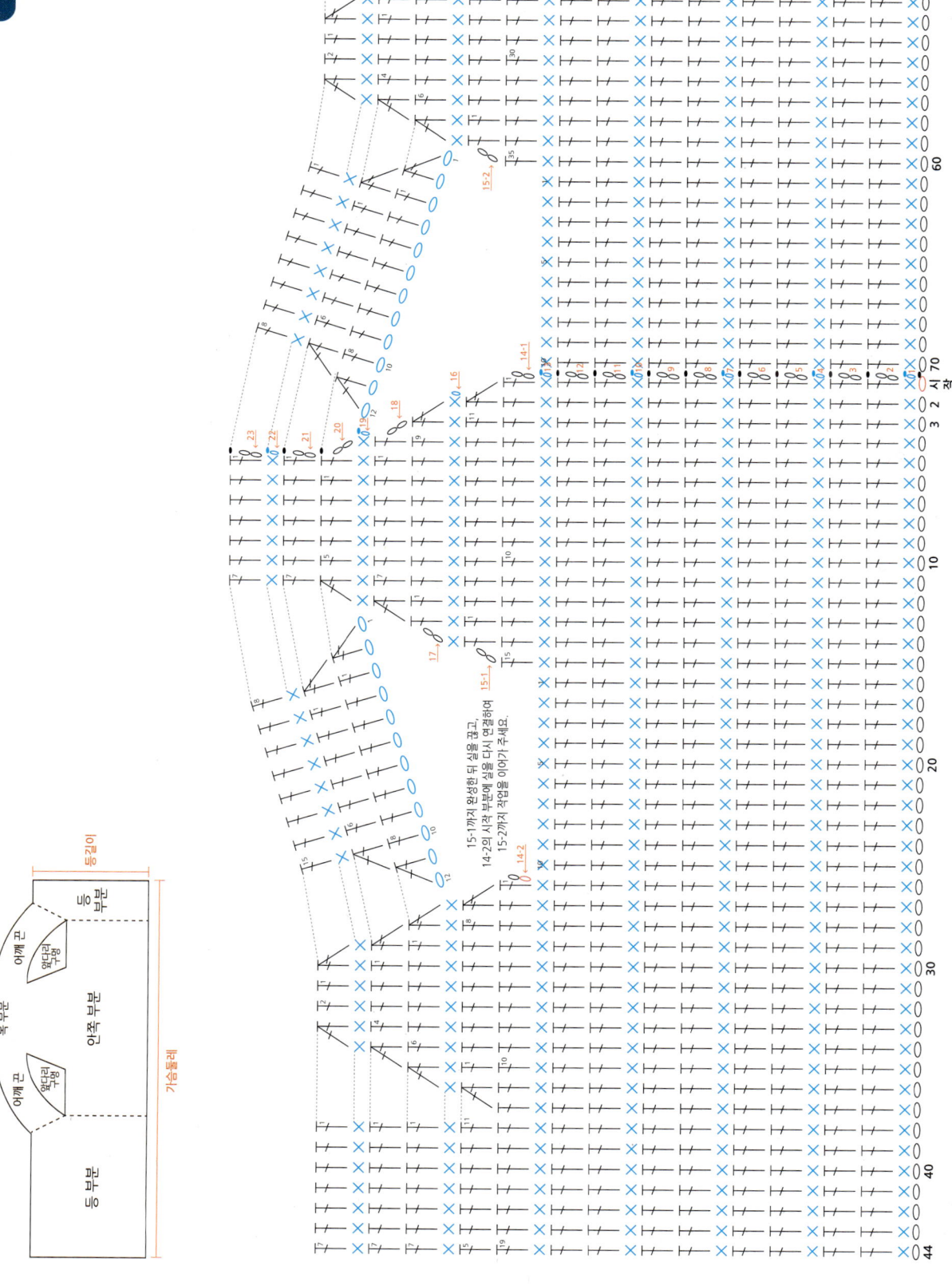

M size

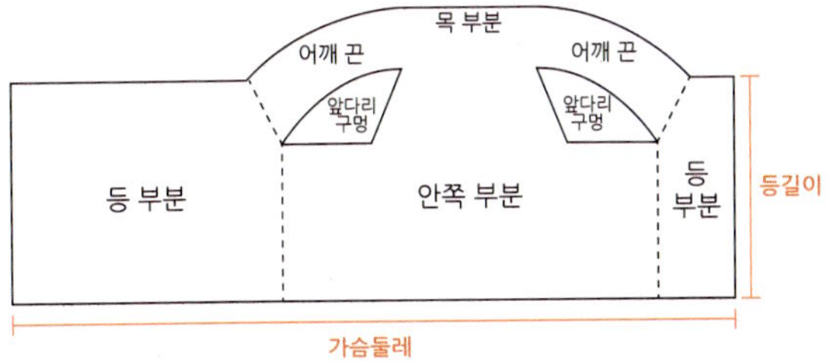

Knitting Dog Clothes

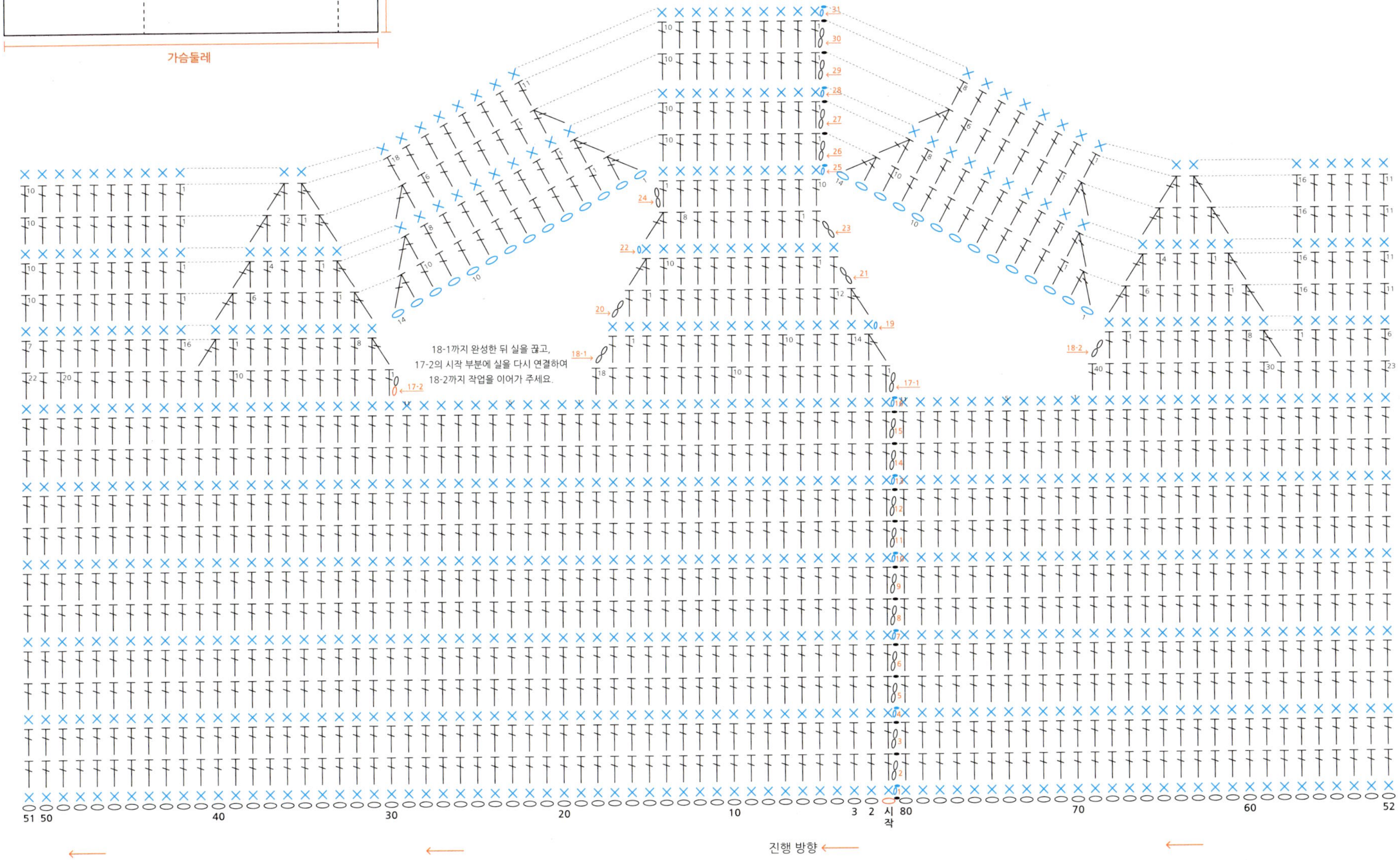

166

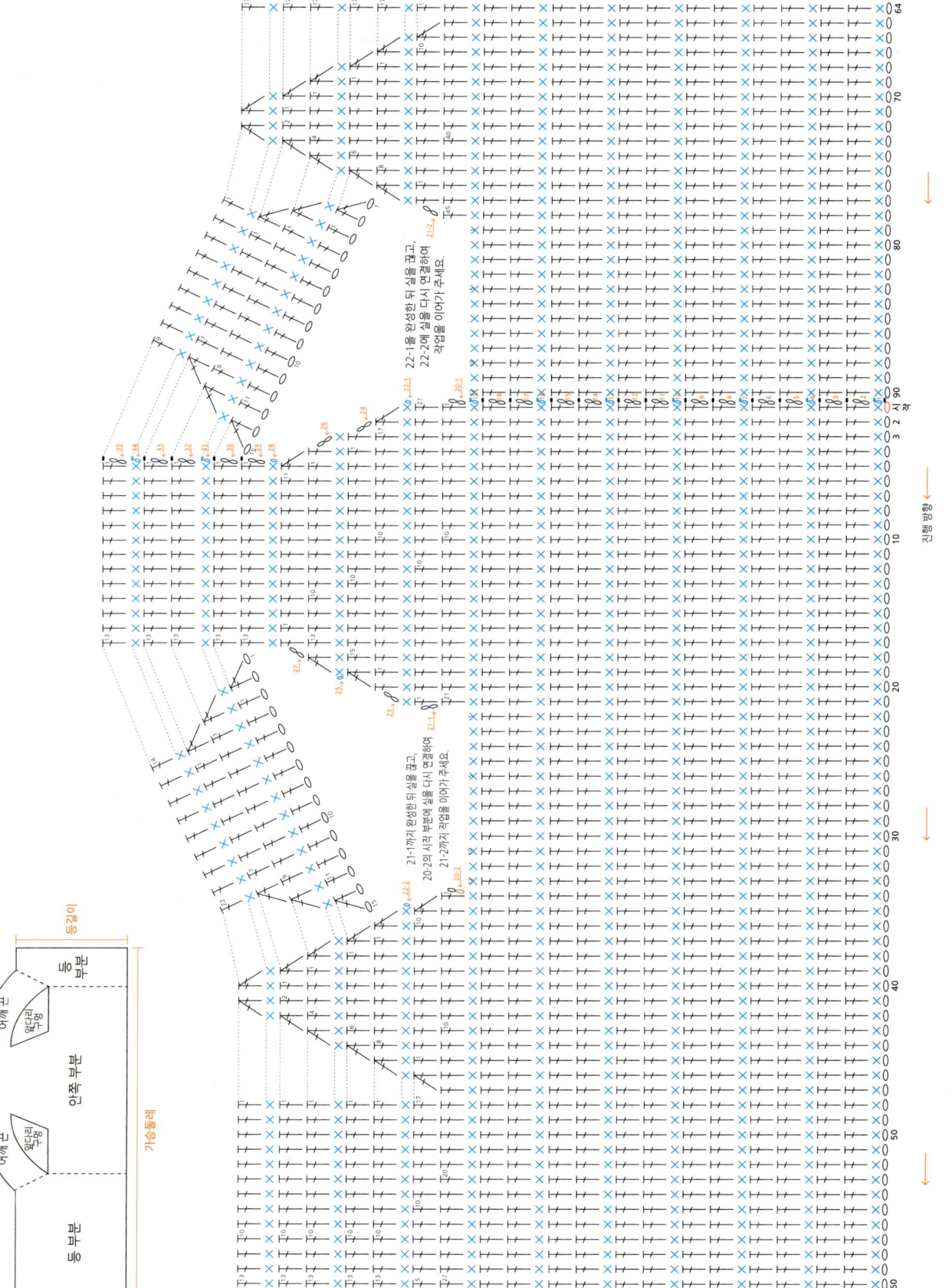

XL size

Knitting Dog Clothes

테두리 만들기

* 밑단 / 윗단

1. 시작 위치를 정해 실을 연결해 주세요. (아무 코에서 시작해도 됩니다.)
2. 실을 연결한 시작 코는 건너뛰고, 다음 코에 짧은뜨기 5코 늘려뜨기를 해 주세요.
3. 늘려뜨기 후, 다음 코는 건너뛰고 그다음 코에 빼뜨기를 해 주세요.
4. 빼뜨기 후, 다음 코에 짧은뜨기 5코 늘려뜨기를 하며 도안을 반복해 주세요.
5. 한 바퀴를 모두 뜬 뒤, 남은 코가 딱 맞지 않더라도 모양만 맞춰 조절해 주시면 됩니다.
6. 마지막은 시작했던 첫 코에 빼뜨기하여 마무리하고, 실을 잘라 주세요.

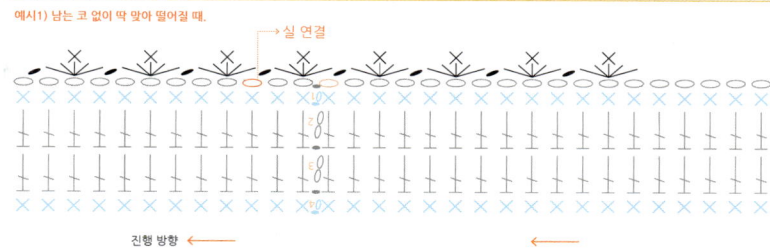

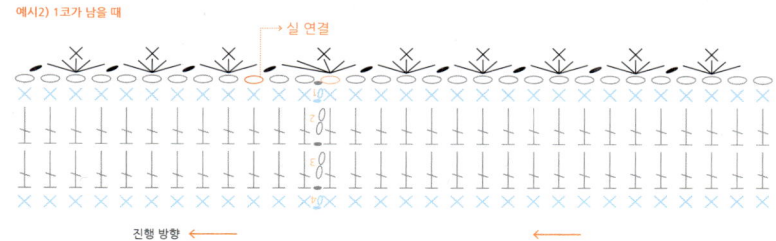

* 앞다리 구멍

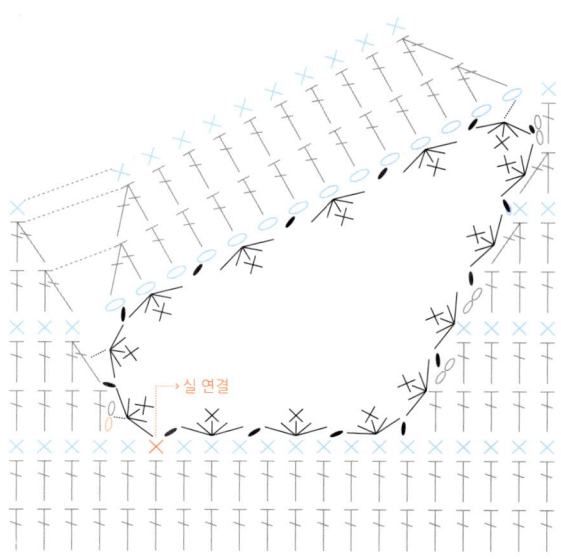

169

Knitting Dog Clothes

위의 QR코드로
들어가면 영상을
보실 수 있습니다.

난이도
★★★★

#016
하트 브이베스트

하트처럼 보이는 V자 무늬가 반복된, 사랑스러운 베스트입니다.
단정하고 리듬감 있는 패턴이 돋보이며, 따뜻하고 귀여운 분위기를 자아냅니다.
데일리룩으로 사계절 내내 다양한 스타일로 활용할 수 있습니다.
한길긴뜨기로 짜여진 포근한 조직감이 매력적이며,
완성했을 때의 성취감이 더욱 크게 다가오는 도안이에요.

Knitting Supplies

사용한 실	헤라코튼 실
	217 아이보리 l 223 핑크
실 소요량	S~L 사이즈 (색상별 1볼씩 필요)
	XL 사이즈 (색상별 2볼씩 필요)
사용한 도구	코바늘 5호(3.0mm), 돗바늘, 단수표시링, 가위, 일반 바늘

사용된 코바늘 기법

○ p.17	× p.18	╳ p.24	┿ p.20	⋀ p.24	▬ p.21
사슬뜨기	짧은뜨기	이랑뜨기 짧은뜨기	한길긴뜨기	한길긴뜨기 두 코 모아뜨기	빼뜨기

베스트 만들기

★ **시작 전 주의 사항**

- 시작 사슬코 개수에 맞춰 사슬을 만들고, 첫 코에 빼뜨기하여 원형을 만들어 주세요.
- 각 단마다 실 색상을 교체하며 떠 주세요.
  (테두리를 컬러 실로 강조하고 싶다면, 처음 시작은 하얀색 실로 시작해 주세요.)

[등 부분]: 도안의 겉으로 드러나는 메인 패턴
[안쪽 부분]: 배 쪽에 닿는 면, 안감 느낌

완성된 옷 사이즈

S size 도안   가슴 둘레 : 28~32cm
              시작 사슬 : 78코
              등 길이 : 15cm

M size 도안   가슴 둘레 : 34~38cm
              시작 사슬 : 90코
              등 길이 : 17cm

L size 도안   가슴 둘레 : 40~44cm
              시작 사슬 : 108코
              등 길이 : 21cm

XL size 도안   가슴 둘레 : 46~50cm
              시작 사슬 : 123코
              등 길이 : 25cm

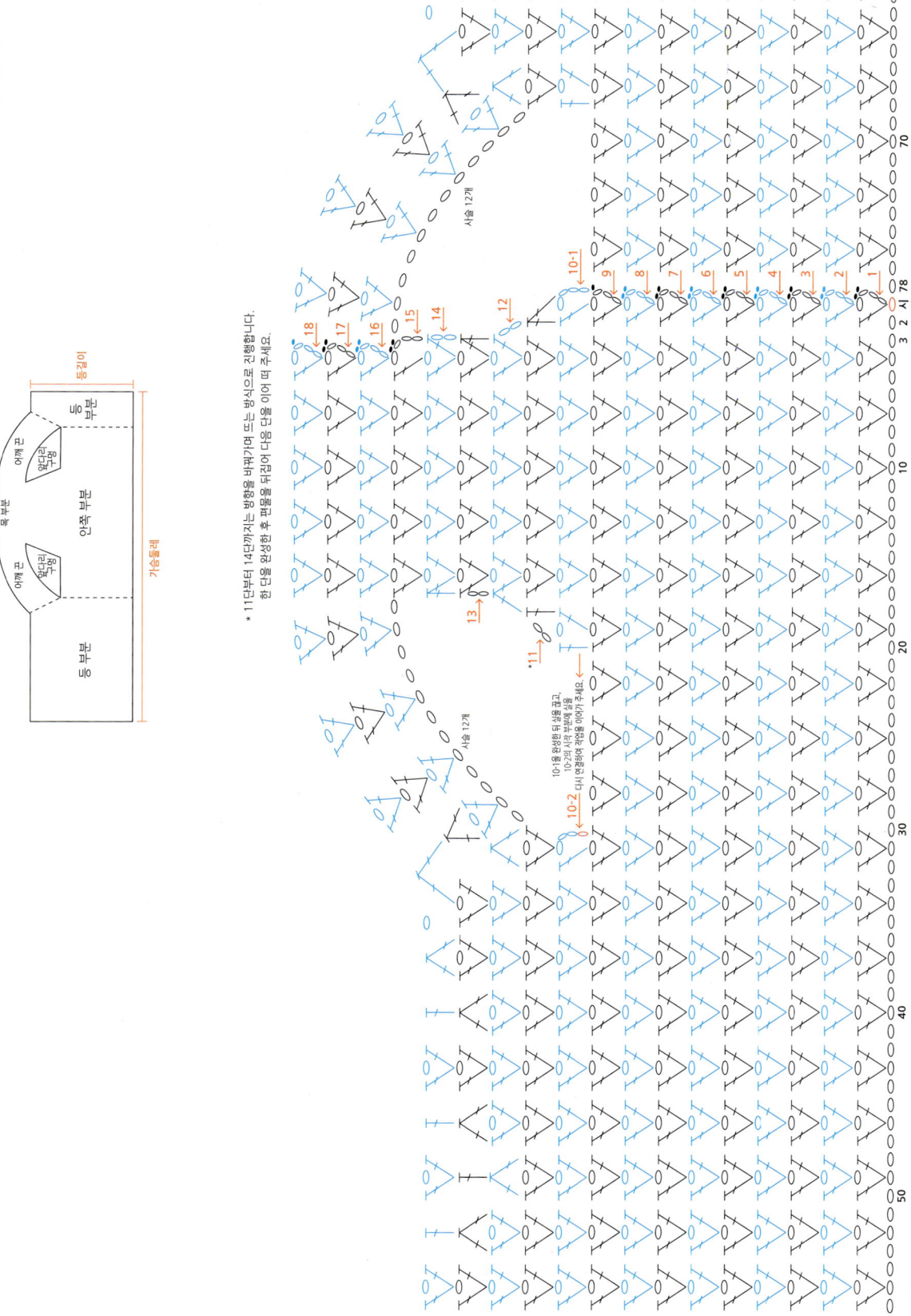

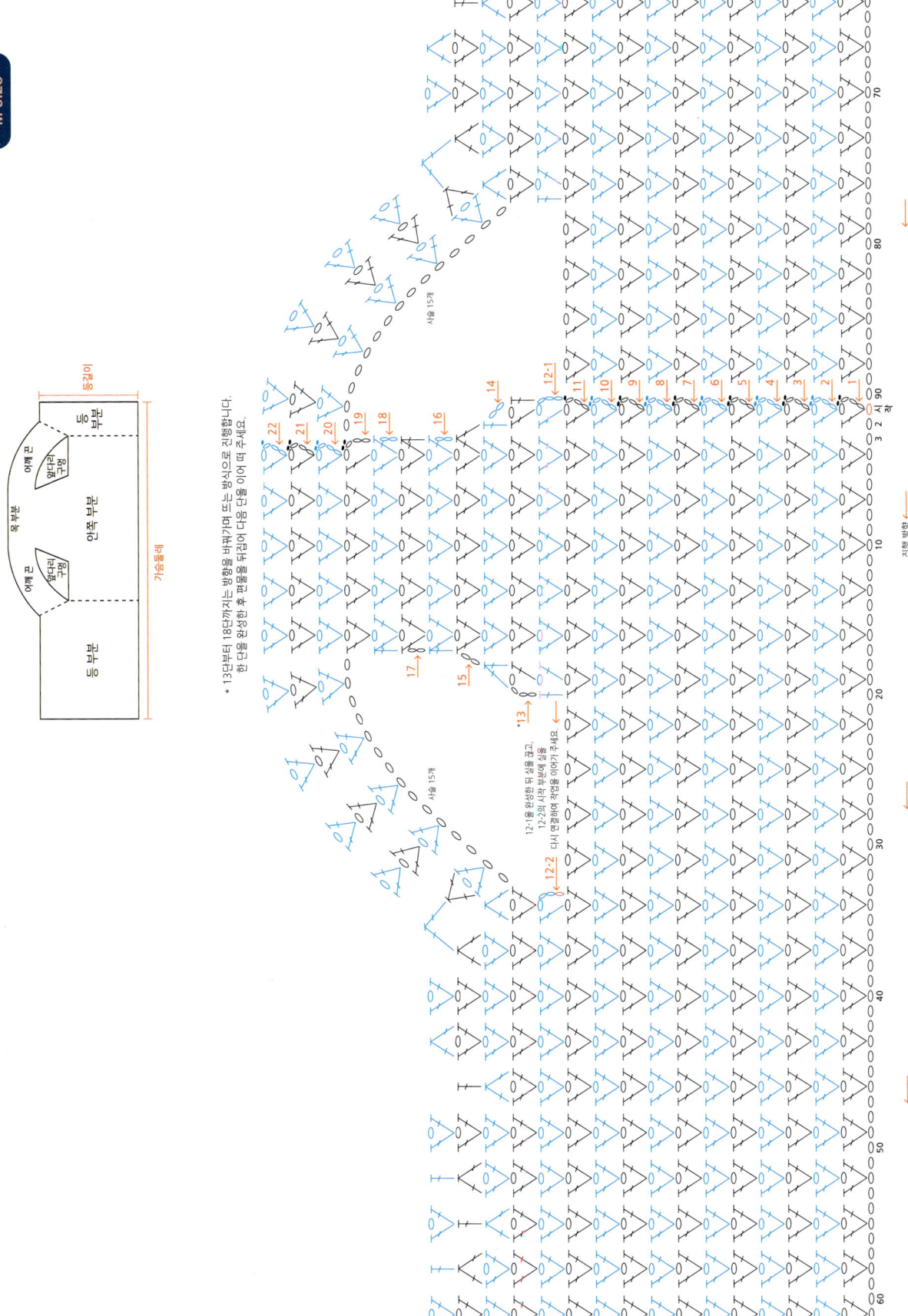

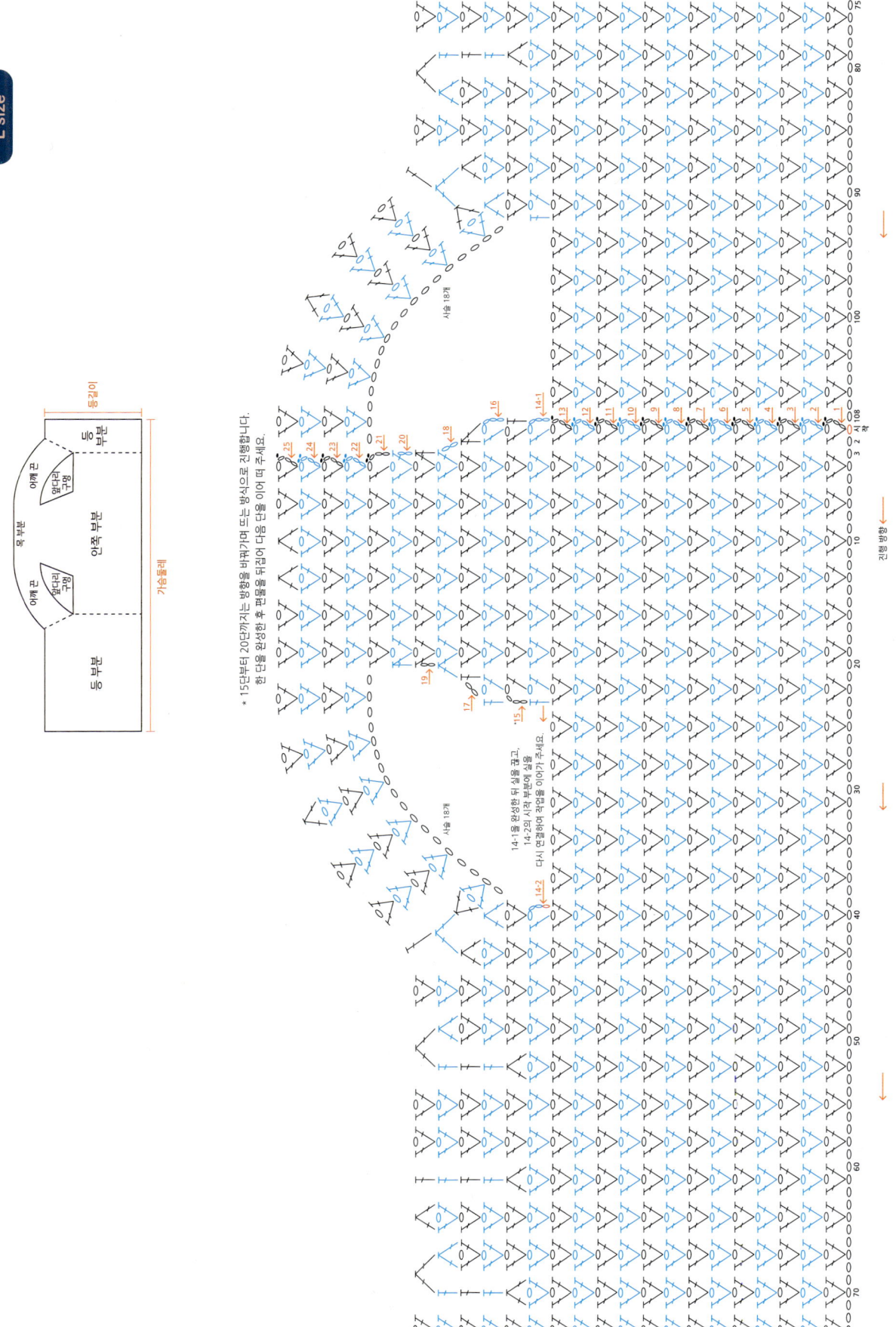

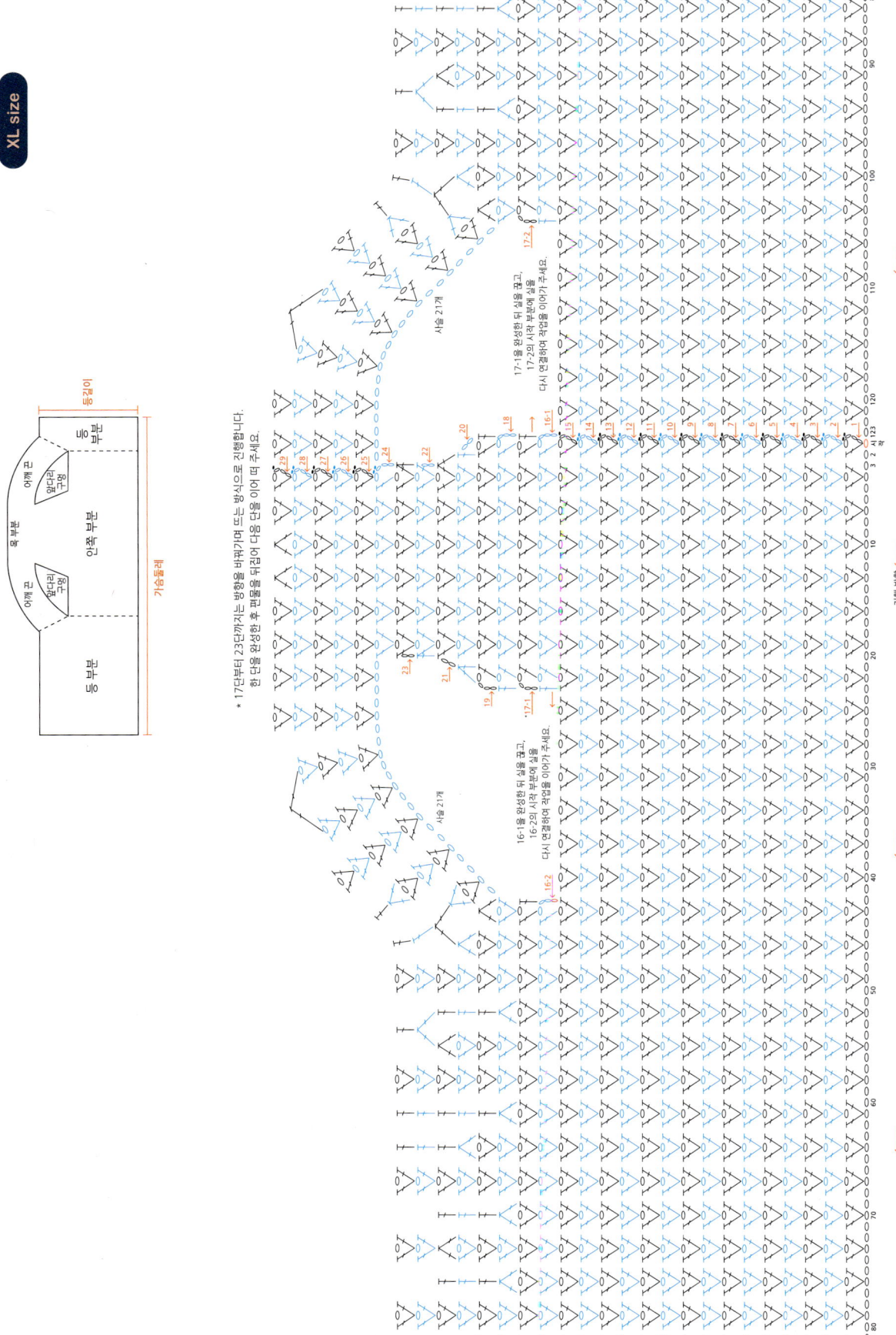

테두리 만들기

★ 시작 전 주의 사항

- 테두리는 이랑뜨기 짧은뜨기로 구성되어, 고무단처럼 표현됩니다.
- 목둘레와 조끼 밑단, 그리고 앞다리 구멍 둘레까지 총 세 군데에 테두리 단을 만들어 마무리해줍니다.
- 테두리는 일정한 패턴으로 반복되므로, 사이즈와 관계없이 도안을 참고하여 전체 둘레를 동일한 방식으로 떠주세요.

목둘레 테두리 만들기

1. 빨간색으로 표시된 사슬부터 시작합니다. (화살표 방향을 따라 진행해 주세요.)
2. 사슬 5코를 만들어 주세요.
3. 첫 번째 코는 기둥코로 두고, 나머지 4코에 짧은뜨기를 해 주세요.
4. 아래 편물의 코에 빼뜨기를 연속 2번 해 주세요.
5. 빼뜨기 후에는 편물을 뒤집어, 방금 짧은뜨기를 했던 4코에 이랑뜨기 짧은뜨기로 되돌아가며 떠 주세요.
6. 다시 편물을 뒤집고, 사슬 1코를 한 뒤, 4코에 이랑뜨기 짧은뜨기를 해주며 편물 쪽으로 돌아옵니다.
7. 4~6번을 반복하여 테두리를 완성해 주세요.
8. 테두리를 한 바퀴 모두 완성했다면 실을 끊고, 첫 단과 마지막 단은 바늘을 이용해 꿰매어 편물을 연결해 주세요.

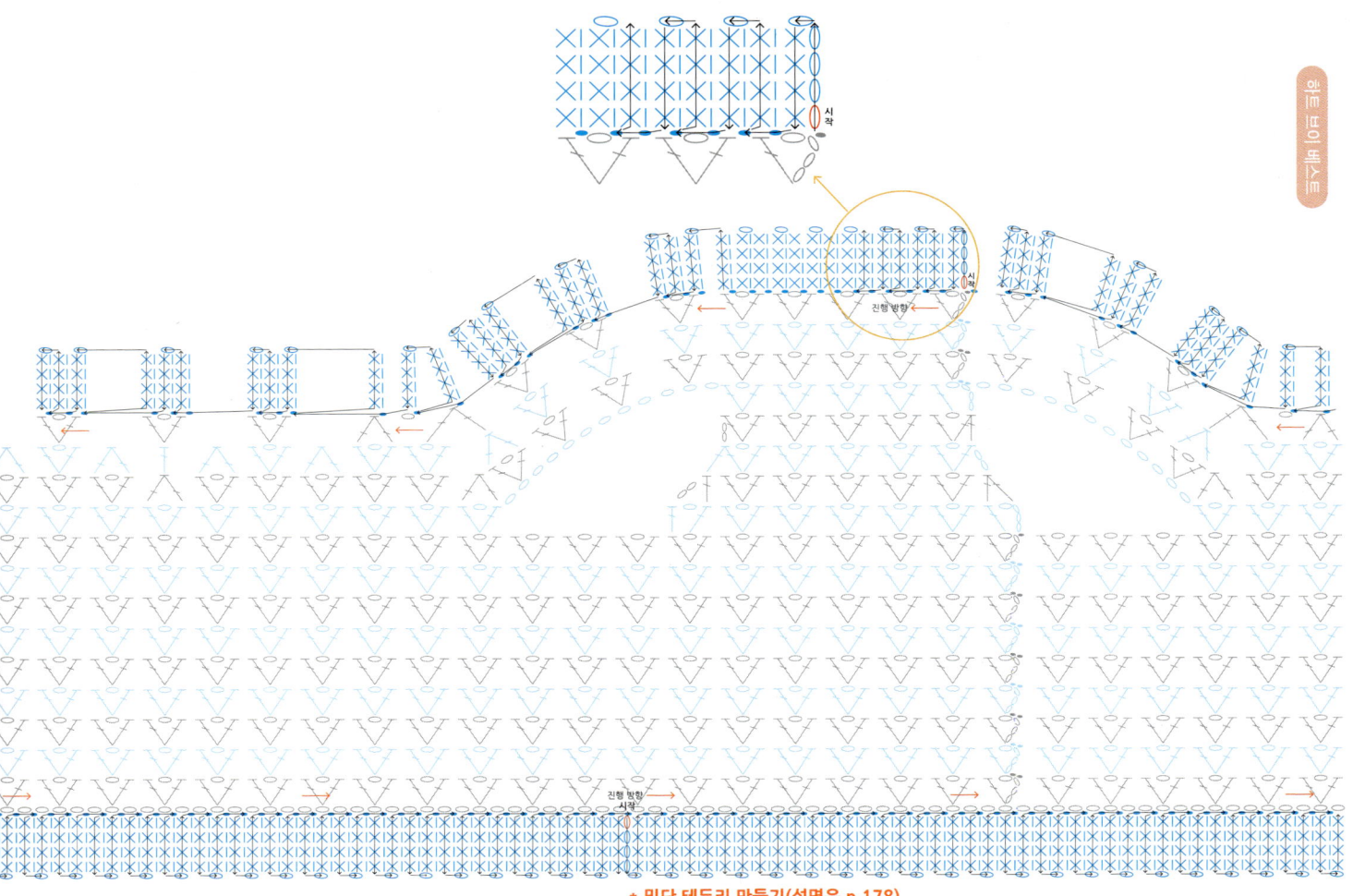

*밑단 테두리 만들기 (설명은 p.178)

밑단 테두리 만들기

1. 목둘레 테두리를 먼저 완성한 뒤, 밑단 테두리 작업을 시작해 주세요.
2. 밑단은 안쪽 부분의 아무 지점에서 시작해 주세요. 도안에 빨간색으로 표시된 사슬 위치를 참고하여, 화살표 방향을 따라 진행합니다.
3. 테두리를 한 바퀴 모두 완성한 후에는 실을 끊고, 첫 단과 마지막 단을 바늘로 꿰매어 편물을 연결해 주세요.

앞다리 구멍 테두리 만들기

★ 시작 전 주의 사항

- 앞쪽 페이지에서 목둘레와 조끼 밑단 테두리를 모두 완성한 후, 앞다리 구멍 테두리 작업을 시작해 주세요.
- 테두리는 일정한 패턴으로 반복되므로, 사이즈와 관계없이 도안을 참고하여 전체 둘레를 동일한 방식으로 떠주세요.

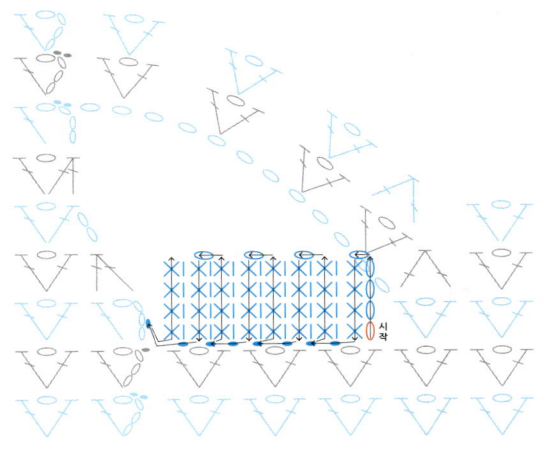

1. 앞다리 구멍 부분을 삼각형이라고 가정했을 때, 코가 일자로 정리된 아래쪽부터 시작합니다.(시작 위치는 자유롭게 정해도 되며, 도안에 표시된 빨간색 사슬 위치를 참고해 주세요.)
2. 사슬 5코로 시작하며, 이전과 동일한 방법으로 테두리를 만들어 주세요.
3. 약간 작게 완성되도록 하기 위해, 모서리 부분은 건너뛰고 떠 주세요.

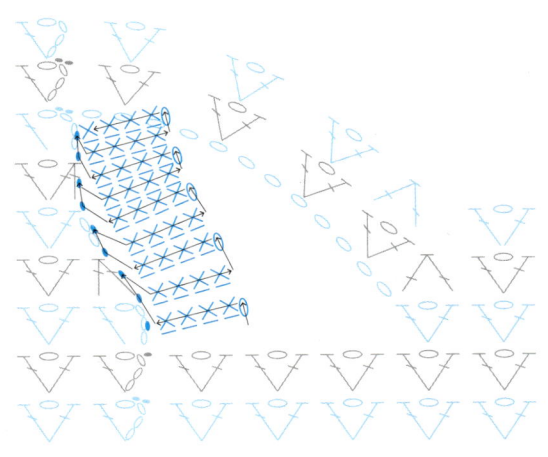

4. 옆의 도안처럼 옆면이 나왔을 경우, 단과 단 사이와 단 옆면에 번갈아 가며 **빼뜨기**를 진행해 주세요.
5. 모서리 전까지는 동일한 방식으로 작업해 주시고, 모서리 부분은 건너뛰어 주세요.

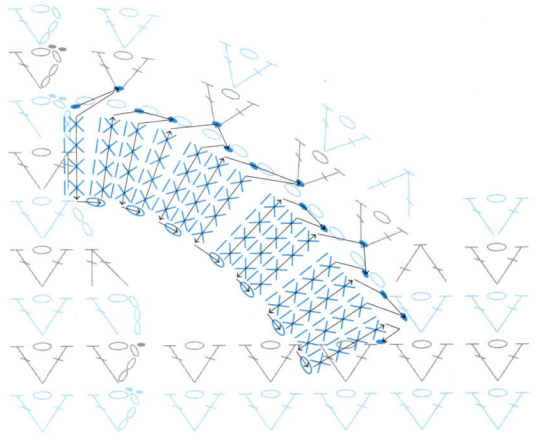

6. 옆의 도안처럼 사슬 부분이 나왔을 경우, 사슬만 있는 코에는 그대로 **빼뜨기**를 해 주시고, 한길긴뜨기를 늘려 뜬 부분은 한길긴뜨기와 한길긴뜨기 사이에 빼뜨기를 해 주세요.
7. 테두리를 한 바퀴 모두 완성한 후에는 실을 끊고, 첫 단과 마지막 단을 바늘로 꿰매어 편물을 연결해 주세요.
8. 반대쪽 앞다리 구멍도 같은 방식으로 진행하며, 앞에서 떴던 패턴을 참고해 주세요.

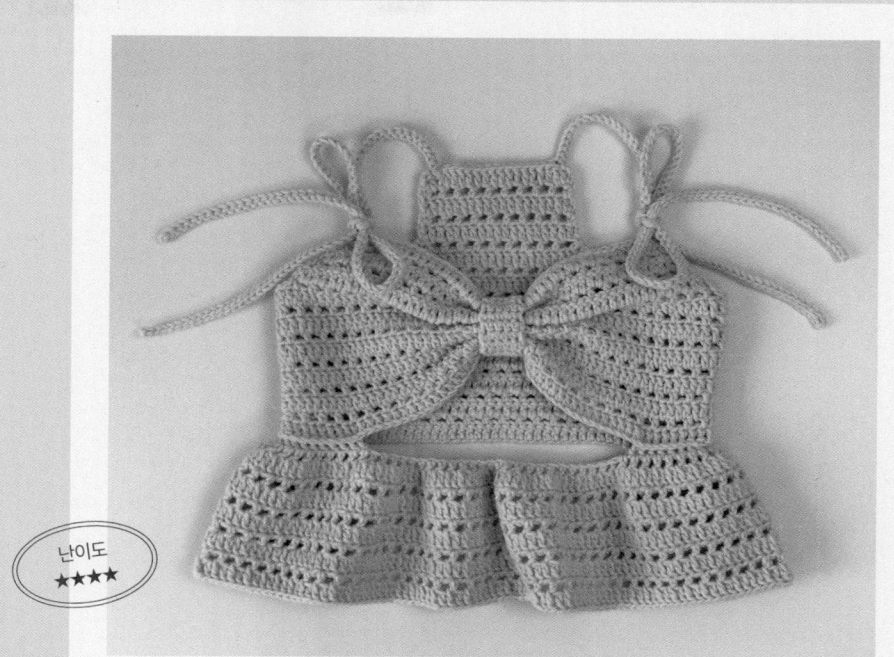

위의 QR코드로
들어가면 영상을
보실 수 있습니다.

난이도 ★★★★

#017
리본 발레리나 투피스

부드러운 실을 사용해 시원하고 산뜻한 느낌을 살렸으며,
여름철에도 부담없이 착용할 수 있도록 통기성과 활동성을 고려해 디자인했어요.
커다란 리본과 양 어깨끈 리본으로 귀여움을 더해주고,
자연스럽게 등을 드러내는 디자인으로 시원함까지 챙겼습니다.
하단은 프릴 형태의 스커트로 마무리되어 마치 작은 발레리나처럼 사랑스러운 분위기를 자아냅니다.

Knitting Supplies

사용한 실	헤라코튼 실
	202 파스텔연하늘
실 소요량	S~L 사이즈 (2볼)
	XL 사이즈 (3볼)
	2XL 사이즈 (4볼)
사용한 도구	코바늘 4호(2.5mm), 돗바늘, 단수표시링, 가위

사용된 코바늘 기법

○	✕	T	⊤	⊼	⟊	⟑	⟅ p.123	●
p.17	p.19	p.20	p.24	p.24	p.24	p.24	(32번 설명부터)	p.21
사슬뜨기	짧은뜨기	긴뜨기	긴뜨기 두 코 모아뜨기	한길긴뜨기	한길긴뜨기 두 코 모아뜨기	뒤걸어 한길긴뜨기		빼뜨기

리본 티셔츠 만들기

★ 시작 전 주의 사항

- 기둥코는 하나의 코로 세지 않으므로, 만들어 준 뒤 무시하고 작업을 시작해 주세요.
- 알파벳 순서에 따라 차례대로 만들어 주세요.

강아지 가슴둘레(A)

(완성된 옷 사이즈입니다)

S size : 28~30cm

M size : 32~36cm

L size : 38~42cm

XL size : 44~48cm

2XL size : 50~54cm

S size

A	B	C	D
사슬 90코	9단	4단	8단

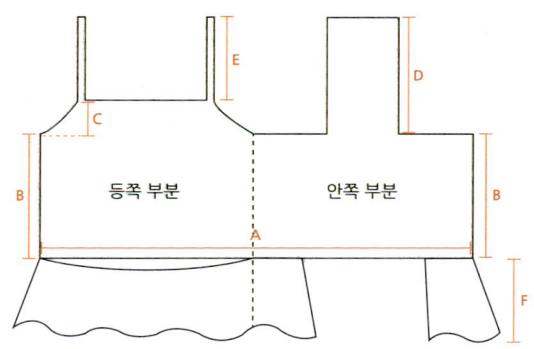

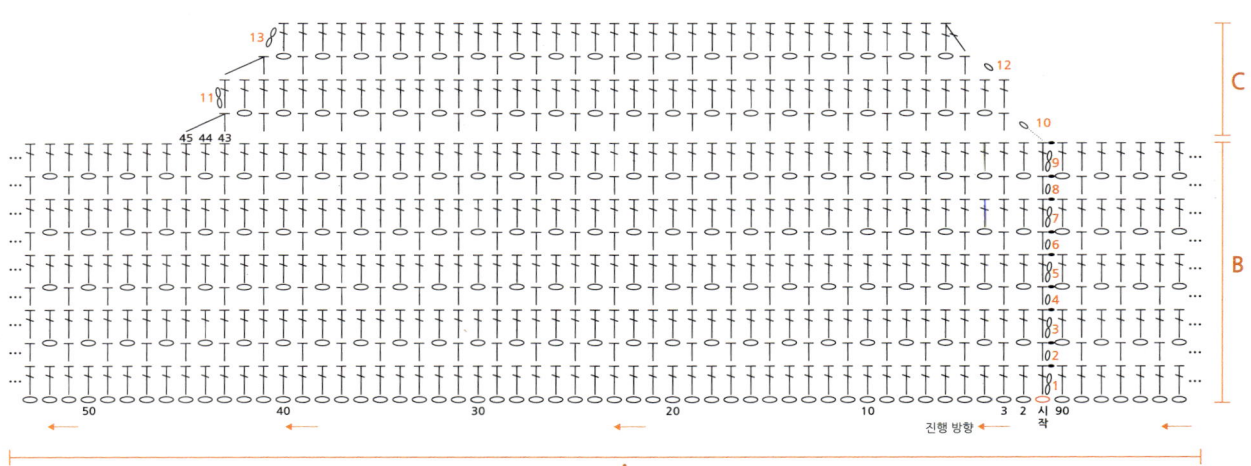

S size

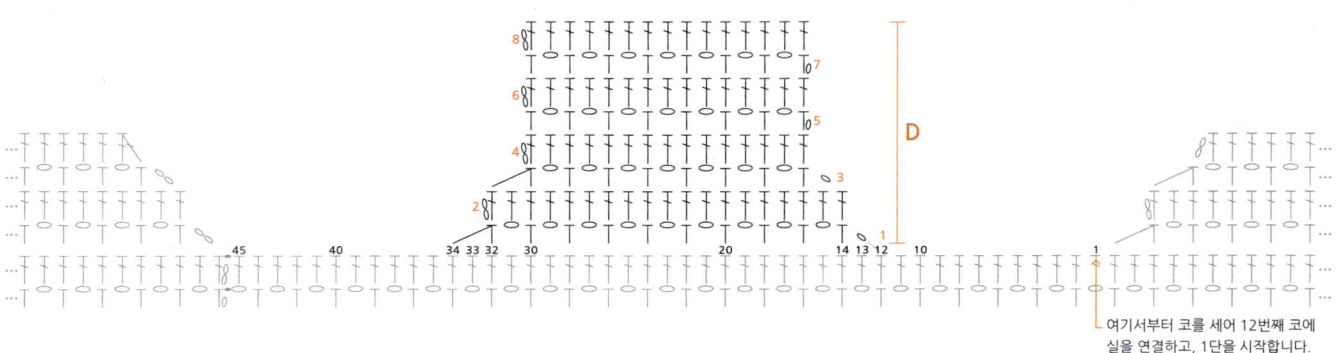

여기서부터 코를 세어 12번째 코에
실을 연결하고, 1단을 시작합니다.

M size

A	B	C	D
사슬 98코	11단	4단	8단

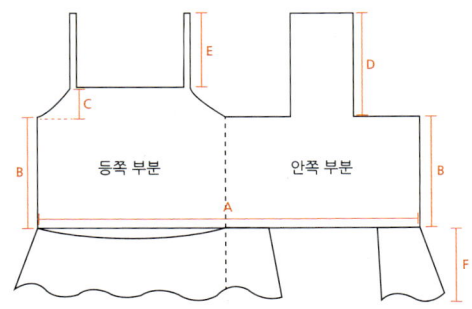

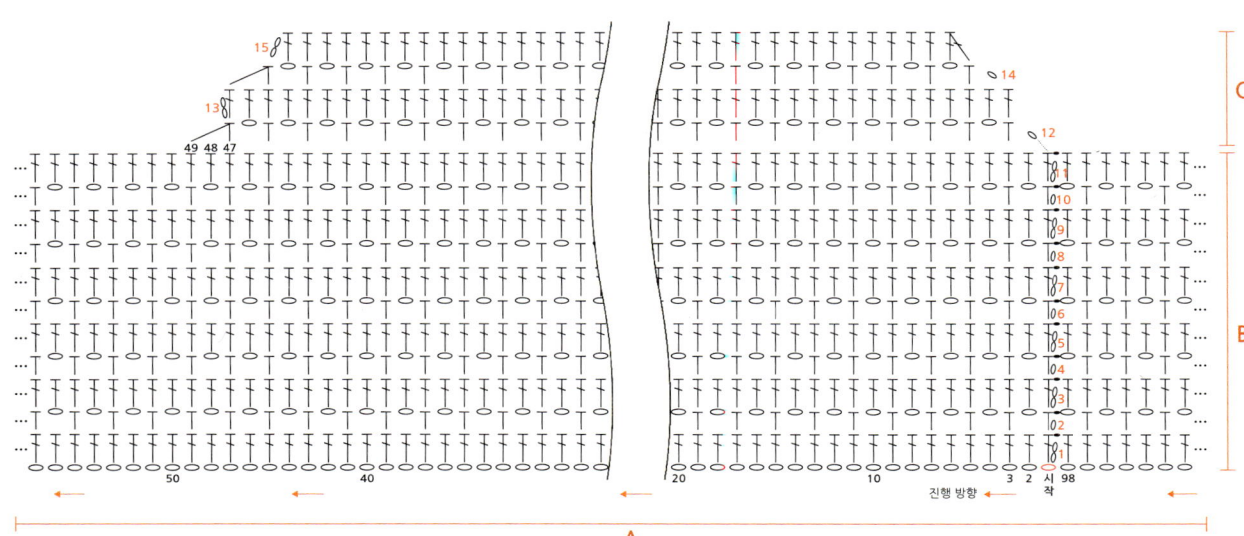

M size

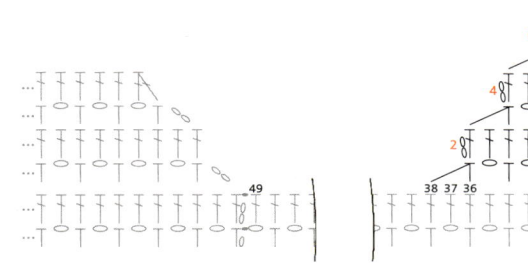

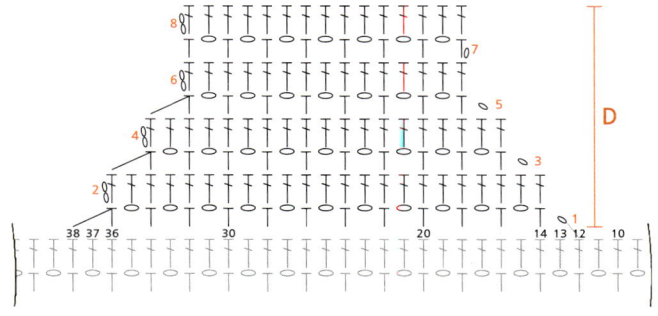

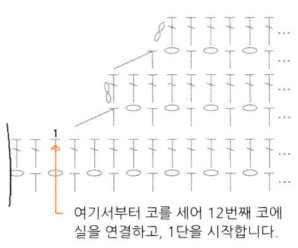

여기서부터 코를 세어 12번째 코에
실을 연결하고, 1단을 시작합니다.

L size

A	B	C	D
사슬 110코	11단	6단	10단

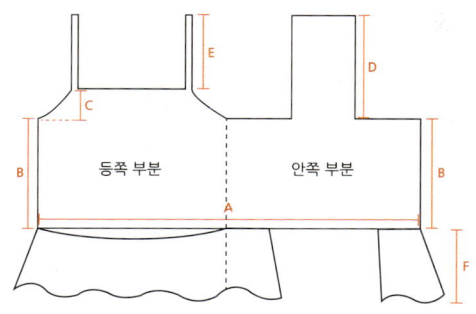

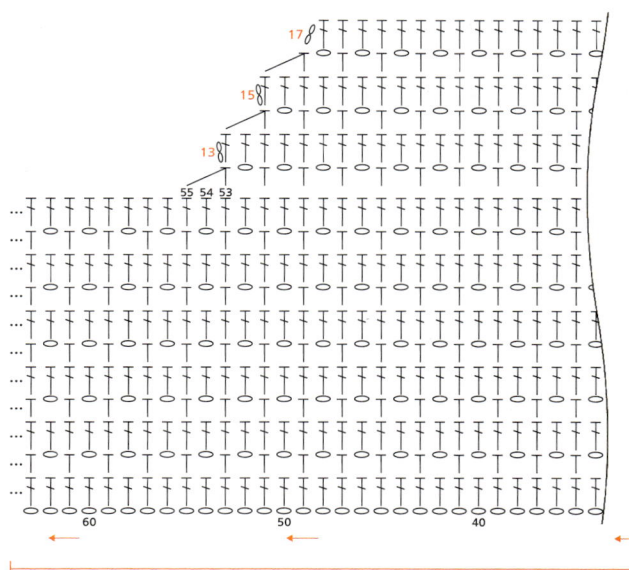

L size

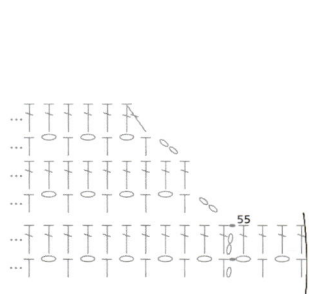
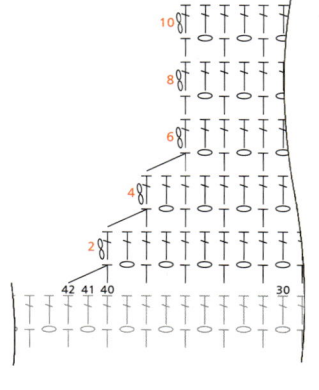
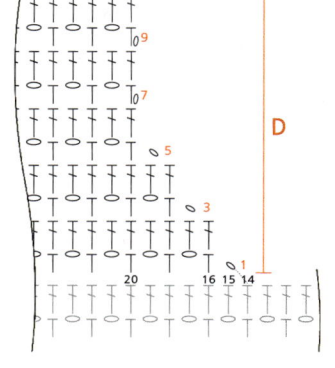
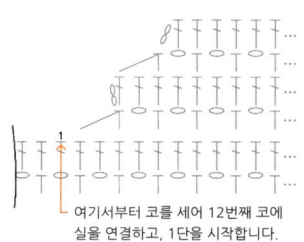

여기서부터 코를 세어 12번째 코에
실을 연결하고, 1단을 시작합니다.

XL size

A	B	C	D
사슬 122코	13단	6단	12단

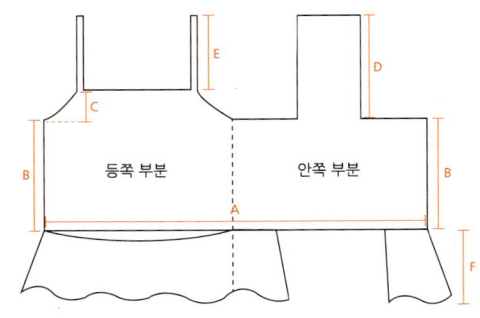

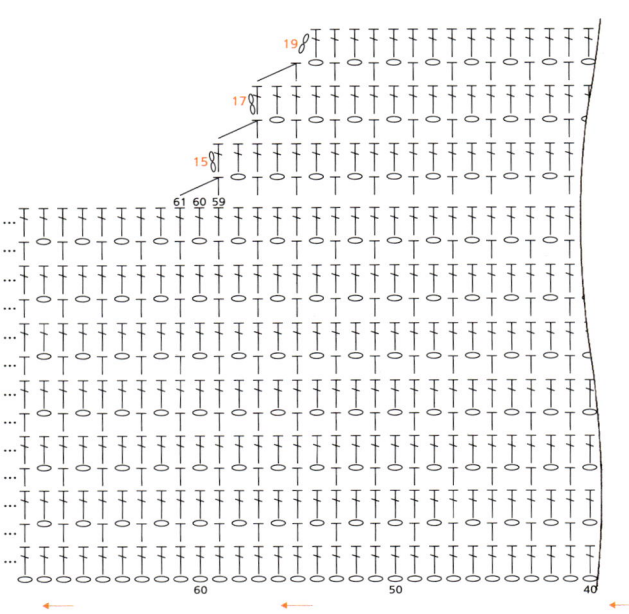
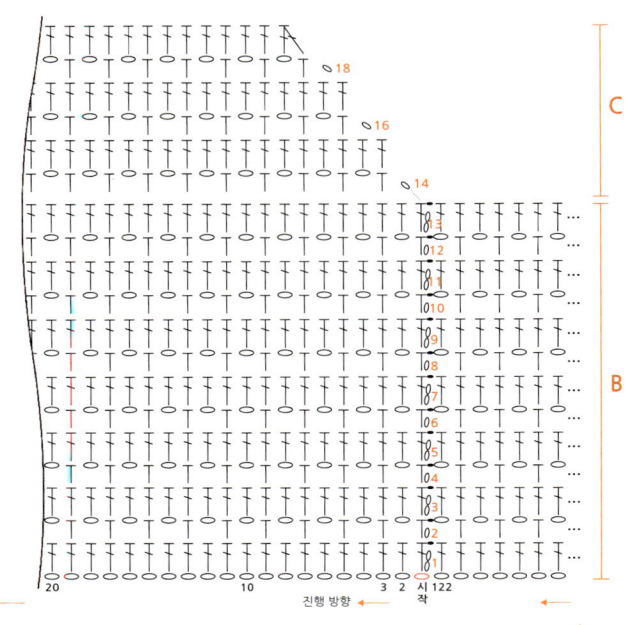

XL size

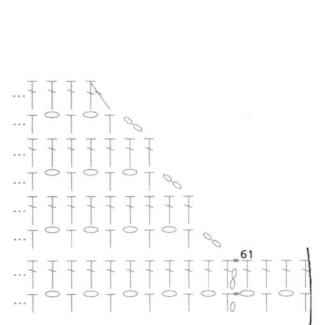
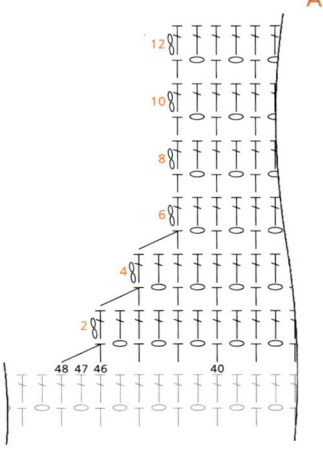
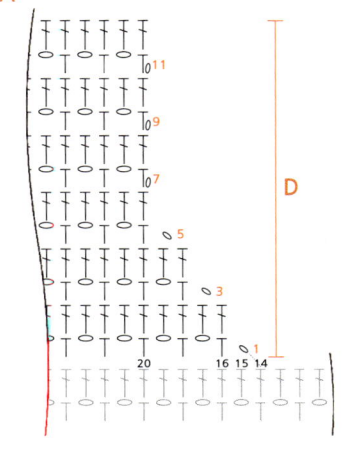
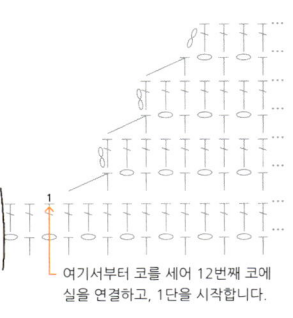

여기서부터 코를 세어 12번째 코에
실을 연결하고, 1단을 시작합니다.

2XL size

A	B	C	D
사슬 134코	15단	8단	16단

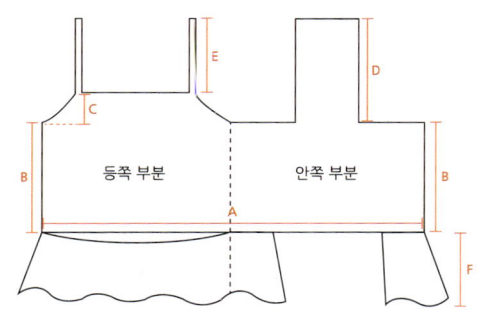

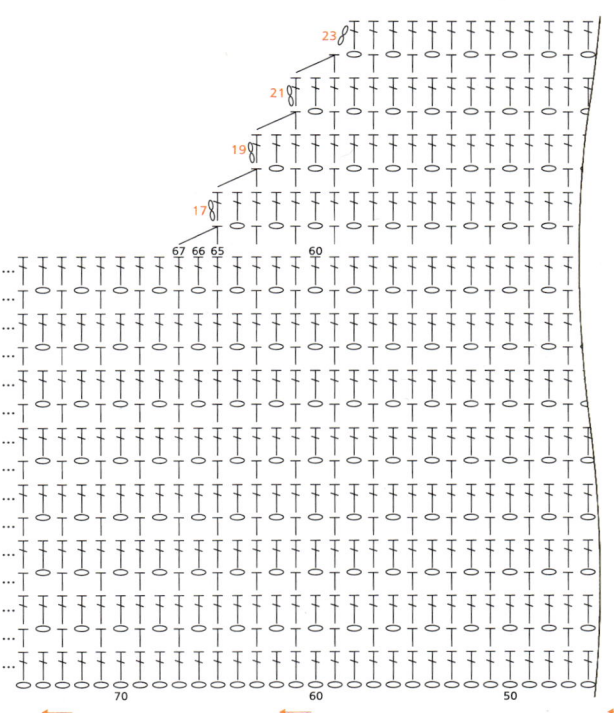

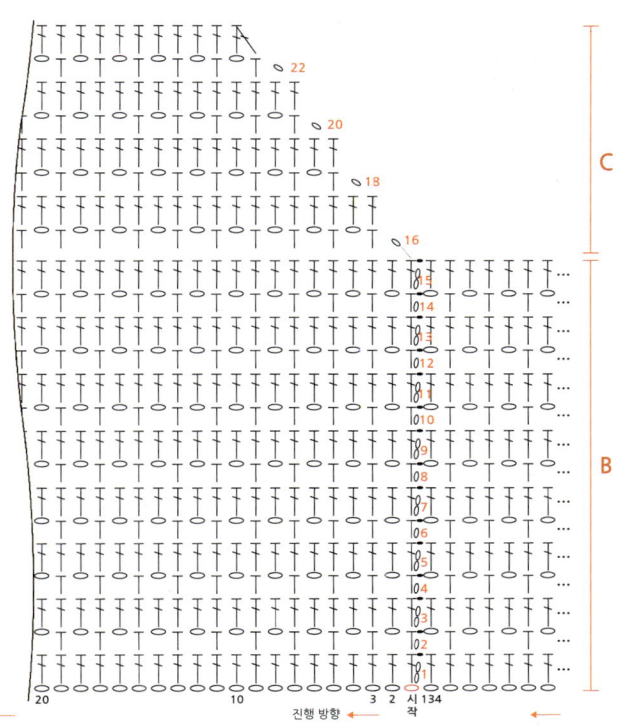

2XL size

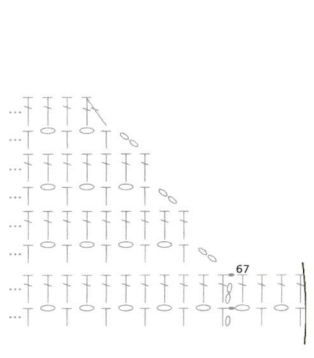

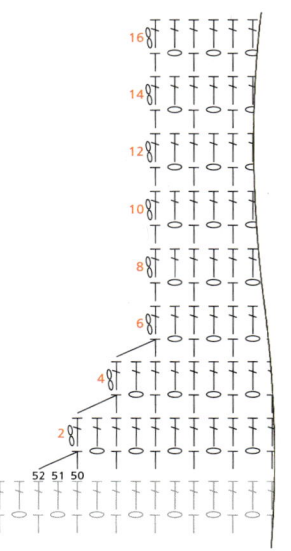

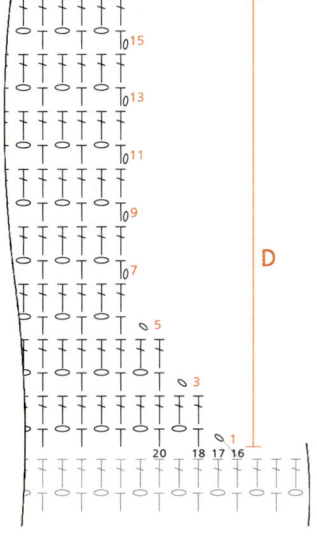

여기서부터 코를 세어 12번째 코에 실을 연결하고, 1단을 시작합니다.

리본 가운데 코 만들기

완성 후에는 실을 약 20cm 남기고 잘라 주세요.

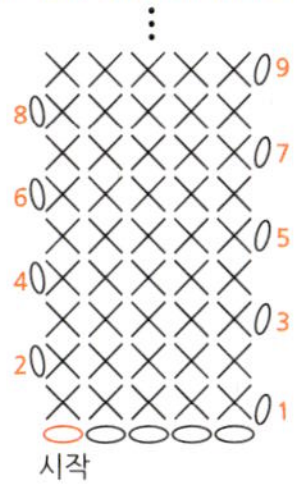

통쪽 코 사슬 수
- S : 사슬 50코
- M : 사슬 55코
- L : 사슬 60코
- XL : 사슬 65코
- 2XL : 사슬 70코

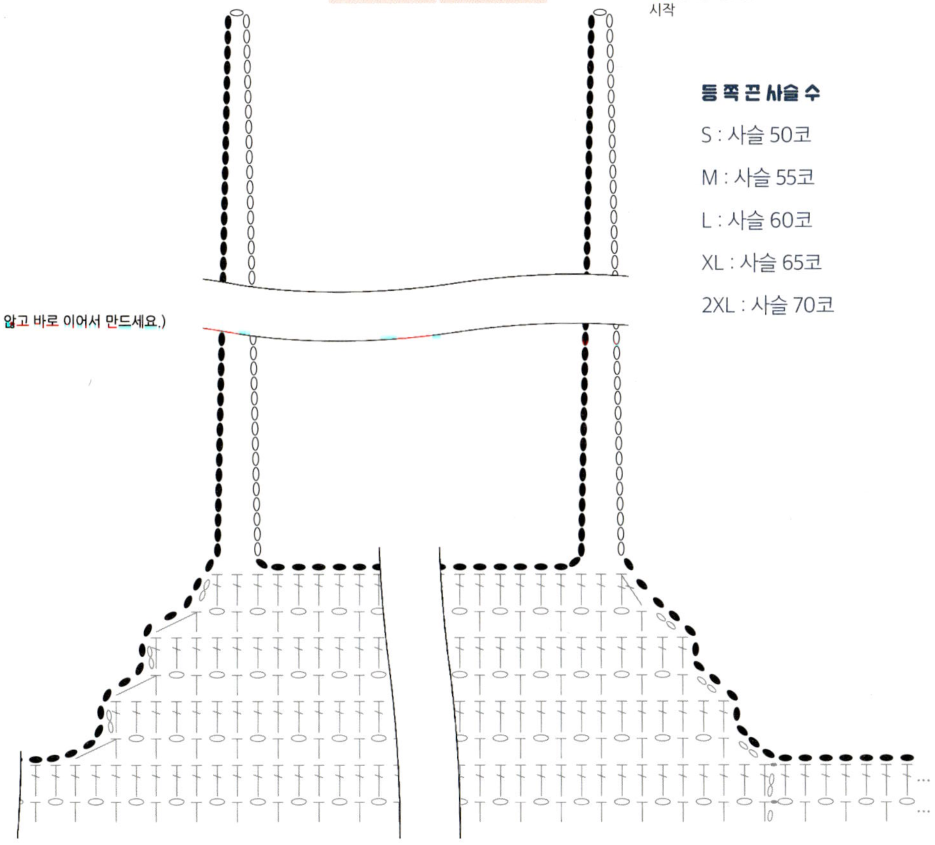

사이즈	단 수
S size	12단
M size	13단
L size	15단
XL size	17단
2XL size	20단

테두리 & 코 만들기(E)

시작
(뒤부분이 끝난 후 실을 끊지 않고 바로 이어서 만드세요.)

안쪽 코 사슬 수
- S : 사슬 70코
- M : 사슬 75코
- L : 사슬 85코
- XL : 사슬 95코
- 2XL : 사슬 105코

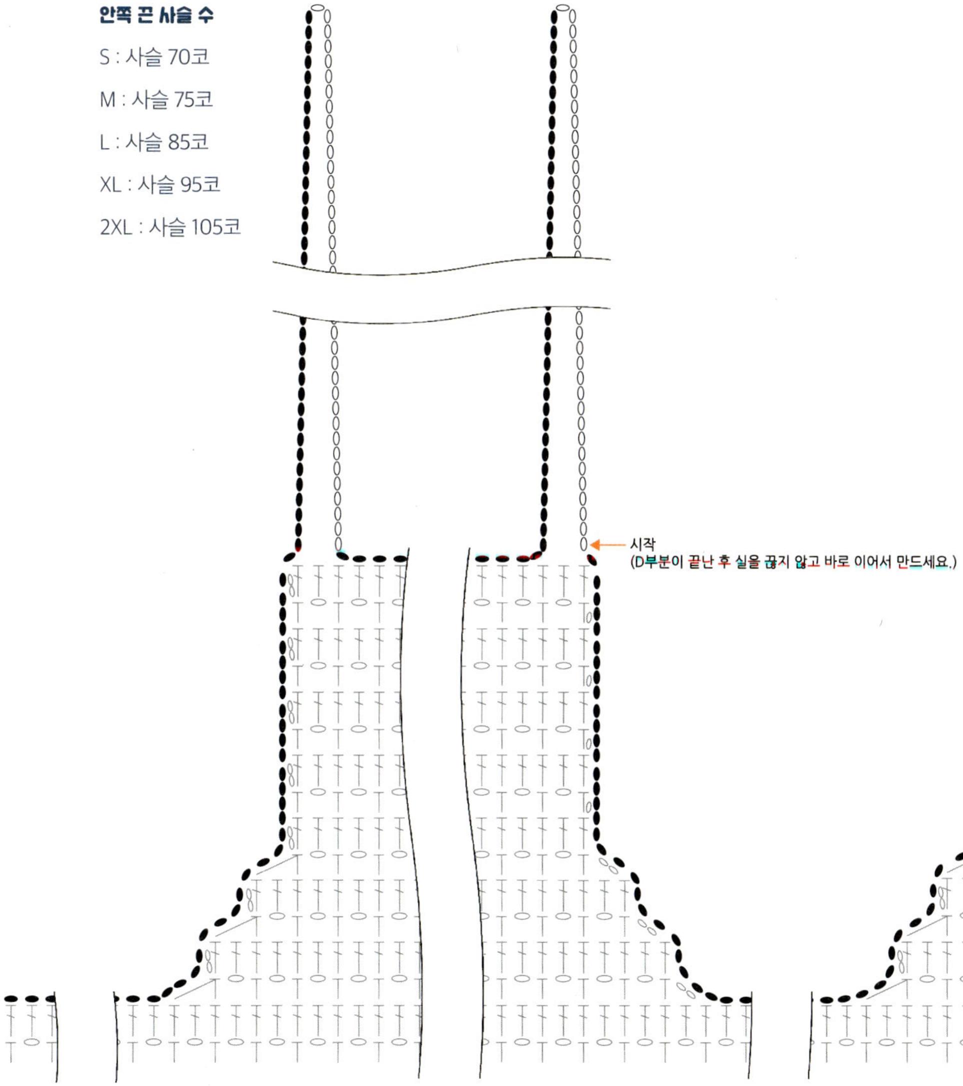

리본 가운데 끈 마무리하기

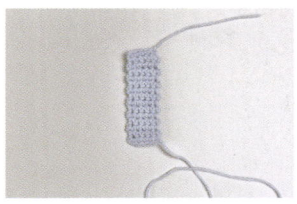

1 p.188의 리본 가운데 끈 만들기 도안을 참고하여 만들어 주세요. 완성 후에는 실을 약 20cm 남기고 잘라 주세요.

2 완성된 리본 티셔츠 앞면 가운데 부분에, 사진과 같이 지그재그로 주름을 잡아 주세요.

3 바늘에 실을 꿴 뒤, 지그재그로 주름을 잡은 부분을 꿰매어 고정해 주세요.

4 실로 꿰매어 고정한 모습입니다.

5 만들어 두었던 가운데 리본 끈의 한쪽 긴 실에 바늘을 끼운 후, 사진과 같이 티셔츠 중앙에 끈을 올려 주세요.

6 가운데 리본 끈으로 고정해 두었던 부분을 한 바퀴 감아 고정해 주세요. 이후 바늘을 이용해 양쪽 끝을 꿰매어 단단히 연결해 줍니다.

7 가운데 끈을 연결해 리본 형태를 완성한 모습입니다.

치마 밑단 만들기

1 치마 밑단을 만들기 전, 도안을 참고해 뒤걸어 한길긴뜨기의 시작과 끝 지점을 단수표시링으로 표시해 주세요. (사이즈에 따라 위치가 다르니 도안을 꼭 확인해 주세요.)

2 단수표시링 걸어준 앞면 모습입니다.

3 사진과 같이, 단수표시링을 걸어둔 지점부터 다음 단수표시링까지 뒤걸어 한길긴뜨기를 해준 모습입니다.

4 중간 사슬을 만든 모습입니다. (사이즈에 따라 사슬 수가 다르니, 도안을 참고해 주세요.)

5 치마 단 만들기 1단을 완성한 모습입니다. 2단부터는 도안을 참고하여 치마 단을 완성해 주세요.

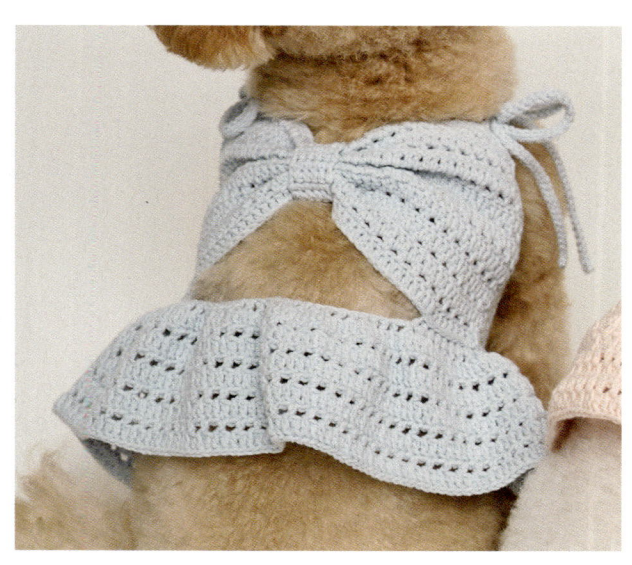

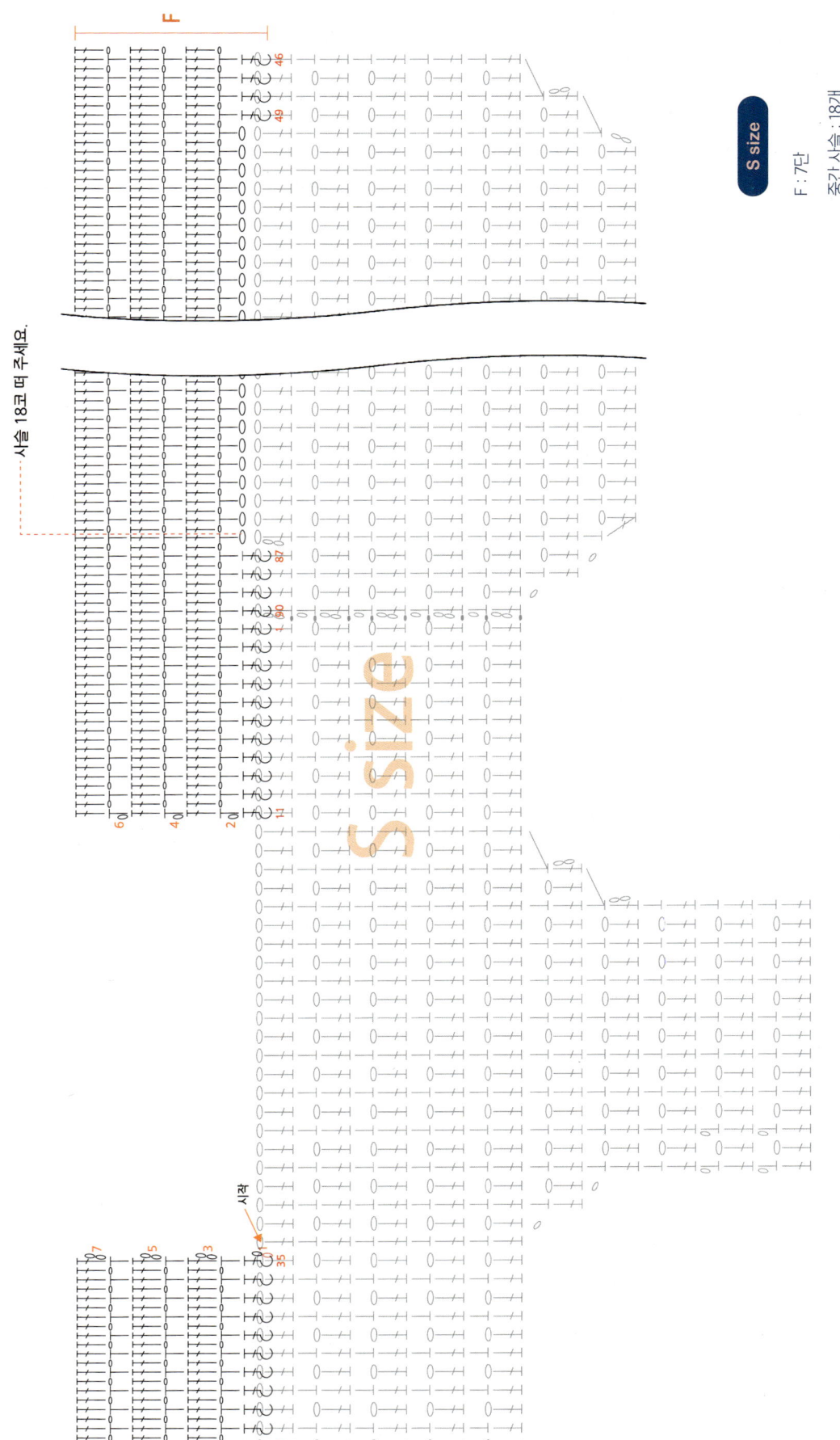

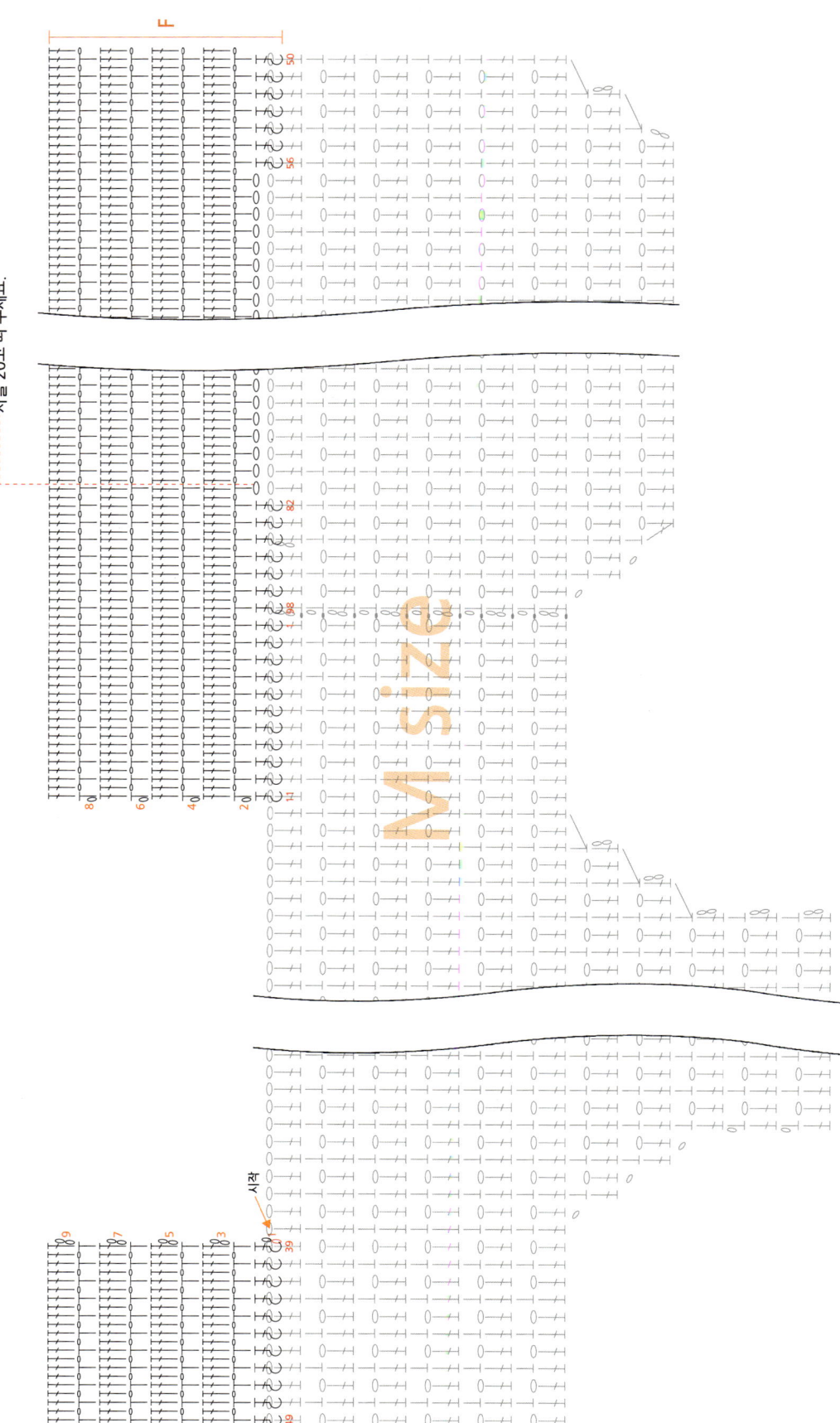

L size

F : 11단

중간 사슬 : 25개

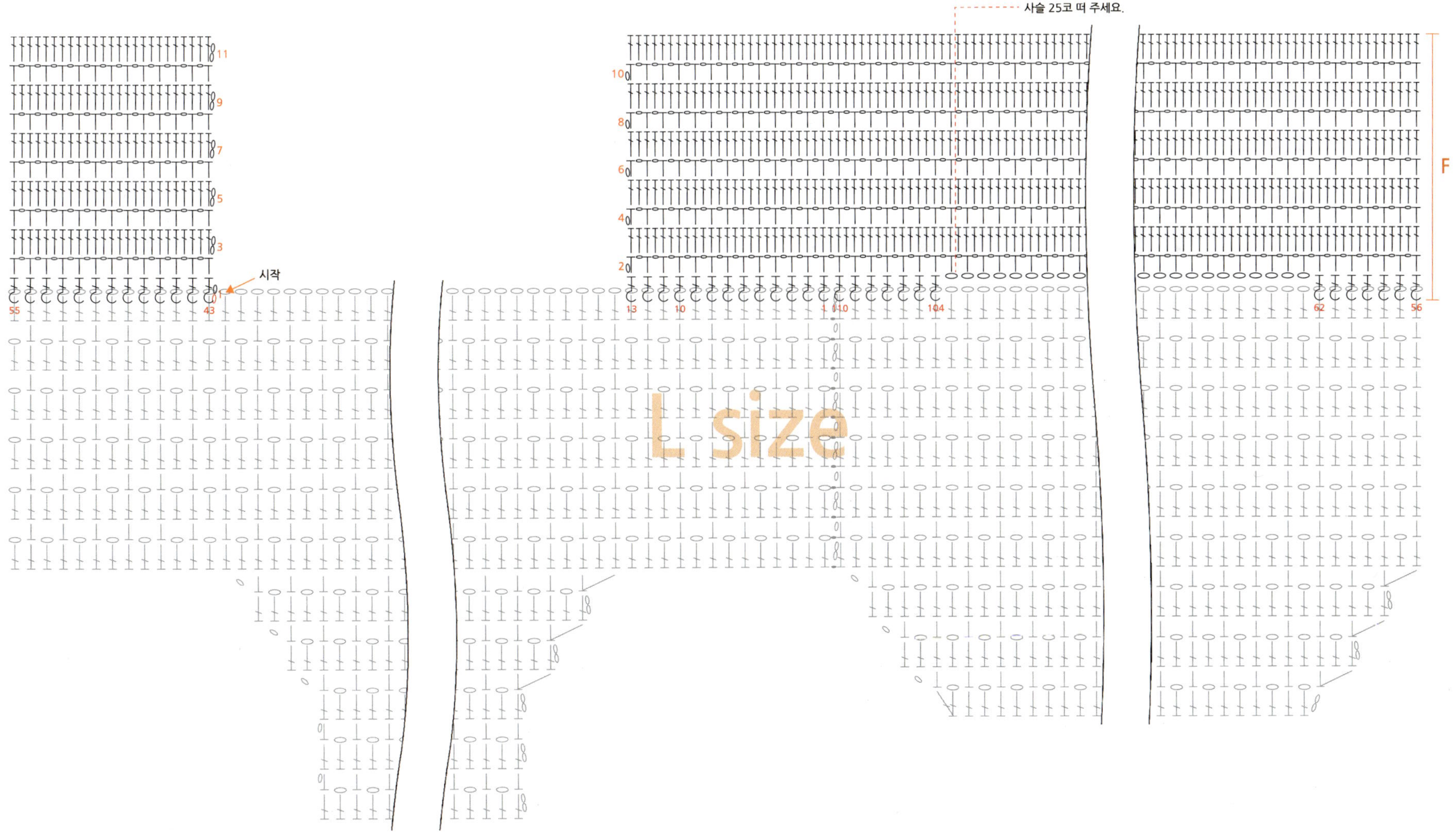

사슬 25코 떠 주세요.

L size

시작

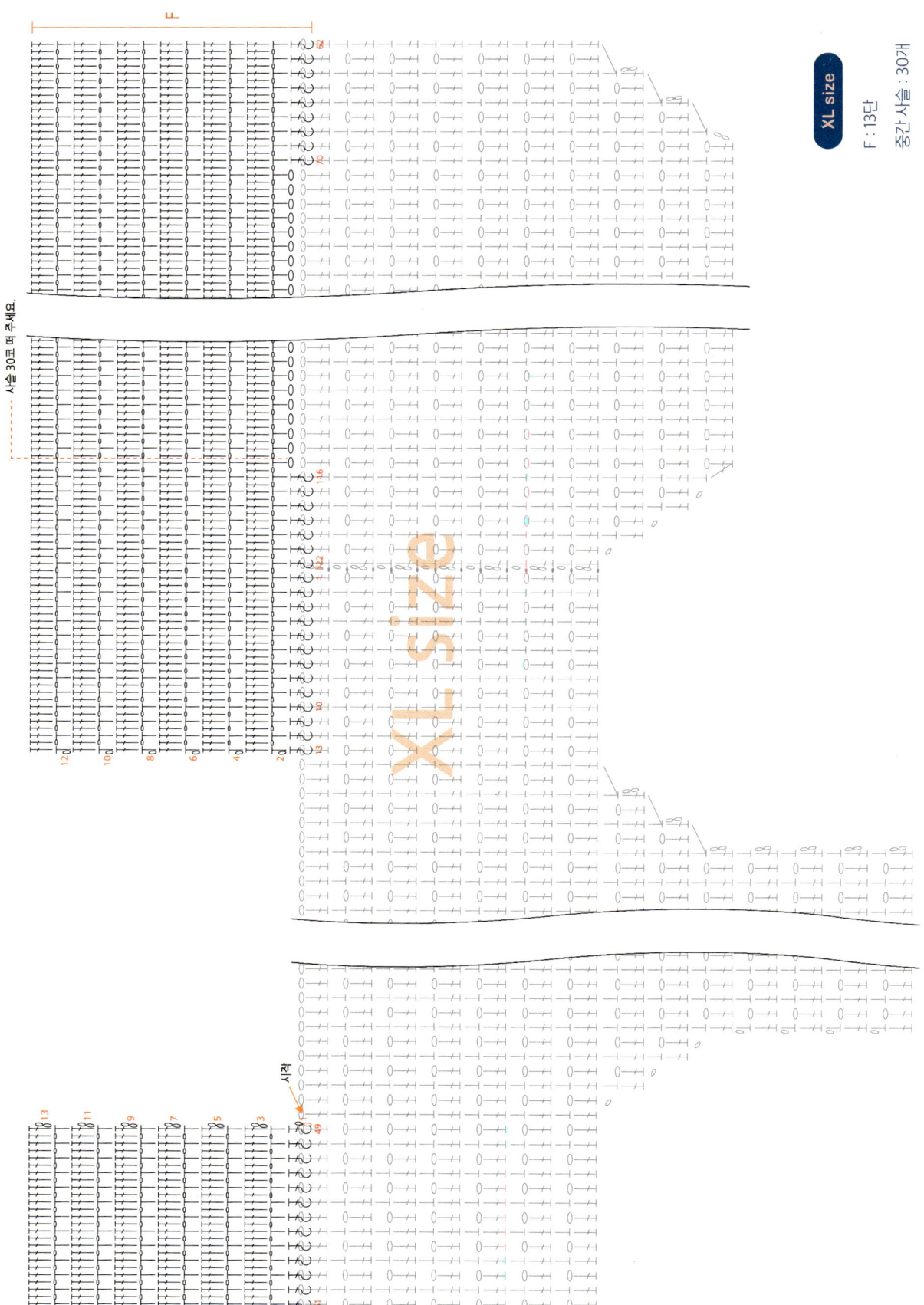

2XL size

F : 15단

중간 사슬 : 35개

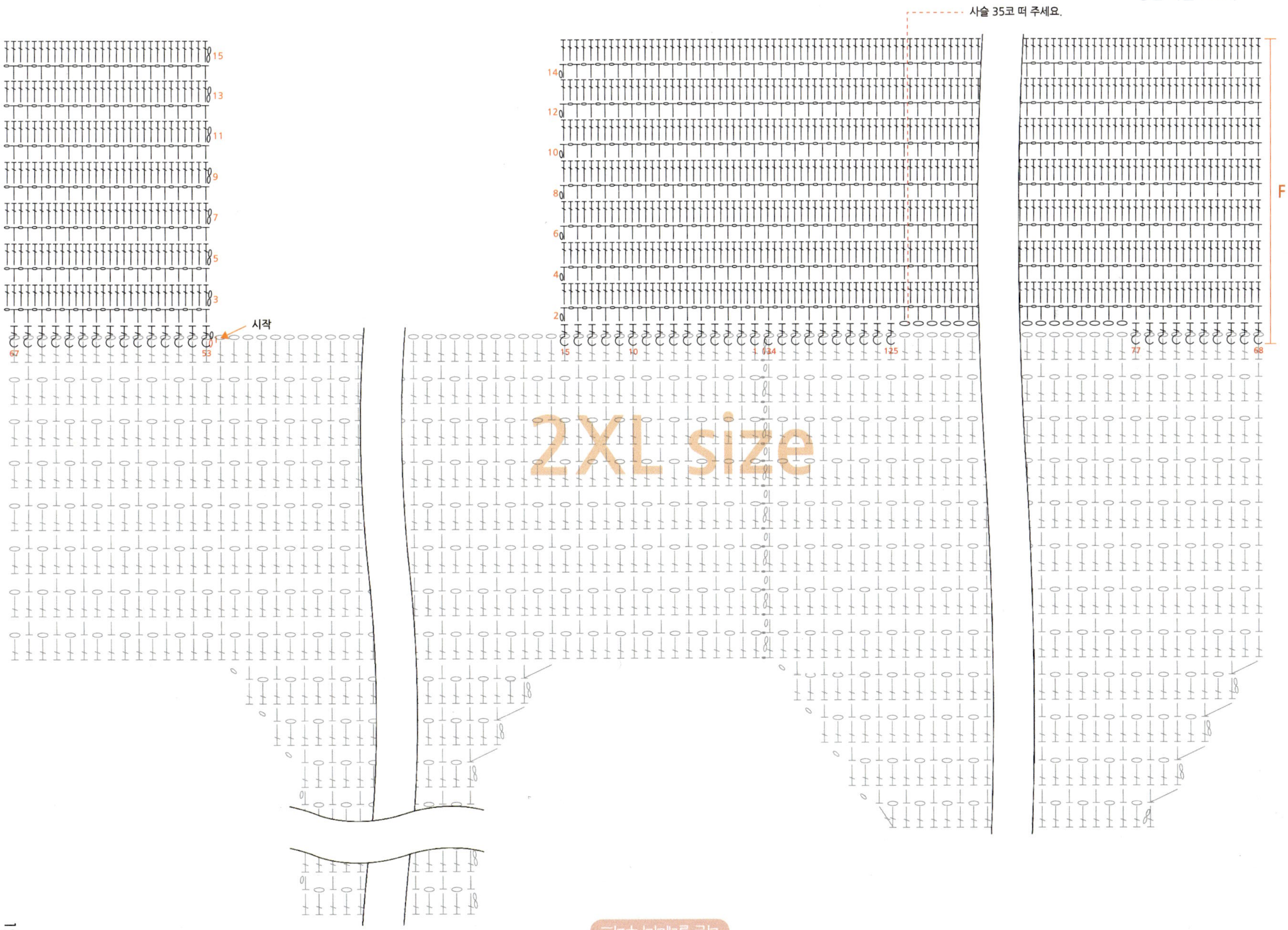

사슬 35코 떠 주세요.

2XL size

시작

196

Knitting Dog Clothes

위의 QR코드로 들어가면 영상을 보실 수 있습니다.

난이도 ★★★★

#018

곰돌이 하네스 가방

입체적인 곰돌이 얼굴이 포인트로 장식된 귀여운 하네스 가방입니다.
하네스와 미니 가방 기능을 겸해, 산책 시 간식이나 작은 소지품을 넣을 수 있어 실용적이에요.
원하는 컬러로 완성하면, 반려견의 뒤태가 더욱 사랑스럽게 표현됩니다.
기본적인 뜨개 기법만으로 제작할 수 있어 초보자도 부담 없이 도전할 수 있습니다.

Knitting Supplies

사용한 실	통통이코튼 실 | 04 연베이지 | 42 다크브라운
실 소요량	가방실 3볼, 곰돌이실 1볼
사용한 도구	코바늘 7호(4.0mm), 돗바늘, 단수표시링, 가위
준비물	솜 20g, 나사 눈알 6mm, 나사 코 12mm, 자석 똑딱이 18mm, 스펀지(11cm×11cm×3cm), 버클(가로32mm, 세로56mm, 내경25mm), 조리개 3개(가로32mm, 세로31mm, 내경25mm), 조리개(가로31mm, 세로38mm, 내경25mm), 낚시고리(가로폭 25mm), D링(가로34mm, 세로27mm, 내경25mm)

사용된 코바늘 기법

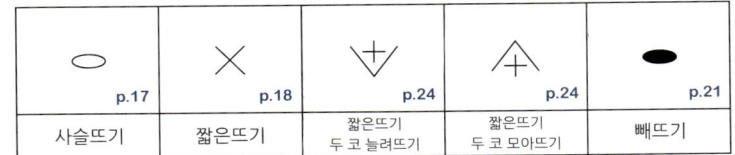

◯ p.17	✕ p.18	⩊ p.24	⩑ p.24	● p.21
사슬뜨기	짧은뜨기	짧은뜨기 두 코 늘려뜨기	짧은뜨기 두 코 모아뜨기	빼뜨기

하네스 가방 몸통 만들기

★ 시작 전 주의 사항

- 새 단을 시작할 때는 항상 기둥코를 만든 후, 기둥코는 제외하고 첫 코부터 떠 주세요.
- 단이 바뀔 때마다 편물을 뒤집어서 떠 주세요.

★ 서술형 도안 참고 사항

- 모든 단을 시작할 때는 사슬 1코를 꼭 만들어 주세요.
- 시작 사슬과 마지막 빼뜨기는 따로 표기하지 않았습니다.
- '늘려뜨기'라고 표시된 부분은 짧은뜨기 2코 늘려뜨기예요.
- '모아뜨기'라고 표시된 부분은 짧은뜨기 2코 모아뜨기예요.

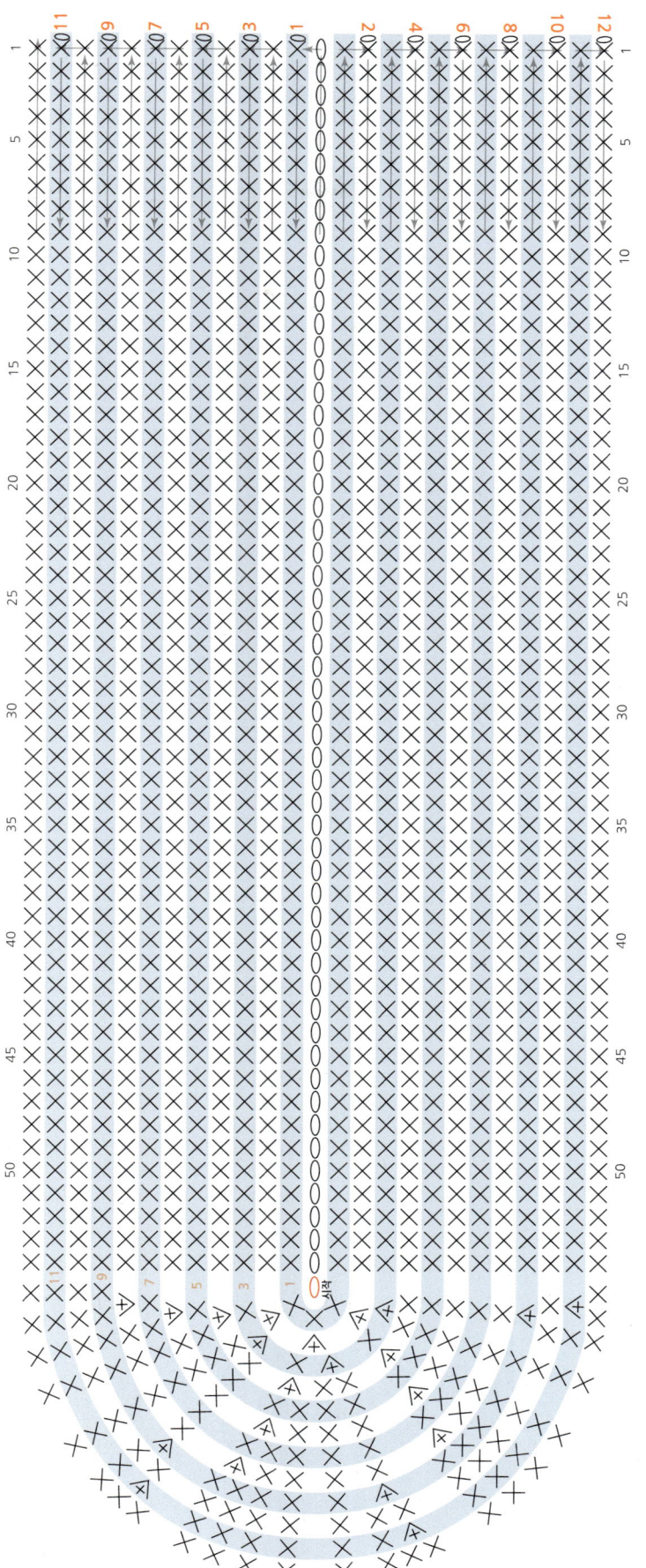

단 수	코 수
1단	111코
2단	114코
3단	117코
4~5단	120코
6~7단	123코
8단	126코
9~10단	129코
11~12단	132코

하네스 가방 옆면 만들기

★ 시작 전 주의 사항

- 새 단을 시작할 때는 항상 기둥코를 만든 후, 기둥코는 제외하고 첫 코부터 떠 주세요.
- 하네스 가방 옆면은 양쪽 동일하게 만들어 주세요.

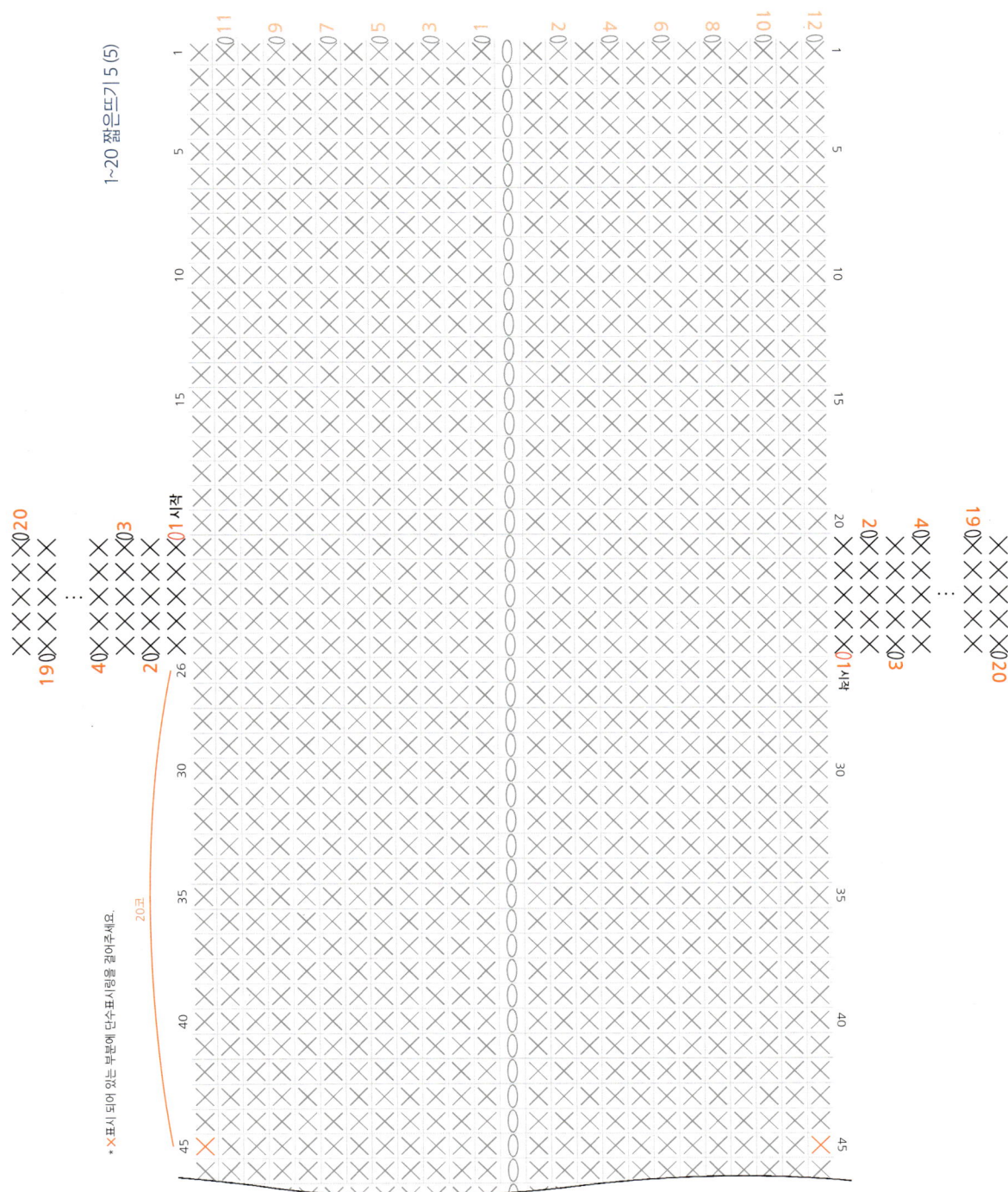

가방 옆면 연결하기

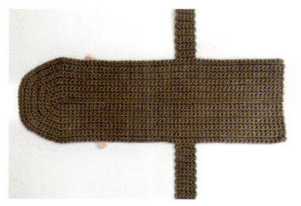
1 하네스 가방 옆면까지 완성한 모습입니다.

2 도안을 참고하여 단수표시링을 꼭 걸어 주세요.

3 사진과 같이 편물을 접은 뒤, 보이는 그대로 오른쪽 옆면부터 연결을 시작하게 됩니다.

4 옆면의 끝 코에 새 실을 연결해 주세요.

5 이어서 사슬 1코 해 주세요.

6 다시 옆면의 끝 코와, 그와 맞닿은 하네스 몸통의 끝 코에 바늘을 동시에 넣어 주세요.

7 지금 코부터 총 20코를 빼뜨기하여 두 편물을 이어 주세요.

8 옆면 편물은 짧은뜨기 20단으로 되어 있으므로, 단마다 바늘을 넣어 주세요.

9 빼뜨기 20코를 모두 마친 모습입니다.

10 이어서 반대쪽 옆면도 연결하기 위해, 사진에 보이는 아래쪽 면을 빼뜨기로 이동해 주세요.

11 짧은뜨기 몸통을 한 코씩 잡아 빼뜨기하면 됩니다.

12 빼뜨기로 반대쪽까지 이동한 모습입니다.

13 이전과 같이 하네스 옆면과 몸통 편물을 함께 잡아 빼뜨기로 연결해 주세요. 단수표시링이 걸린 코까지 연결하면 됩니다. (총 20코 빼뜨기)

14 빼뜨기를 모두 완료한 모습입니다.

15 하네스 반대쪽 옆면으로 이동하기 위해, 가방 뚜껑의 둥근 부분을 빼뜨기로 이동해 주세요.

16 빼뜨기를 모두 완료한 모습입니다.

17 이어서 단수표시링이 걸린 코와 맞닿은 옆면 끝 코를 함께 잡아 바늘을 넣어 주세요.

18 이전과 같이 지금 코부터 총 20코를 빼뜨기해 주세요.

19 이어서 반대쪽 옆면까지 빼뜨기로 이동해 주세요.

20 빼뜨기로 반대쪽까지 이동한 모습입니다.

21 마지막으로 남은 두 편물을 연결해 주세요.

22 사진에 보이는 면을 빼뜨기로 처음 시작했던 곳까지 이동해 주세요.

23 빼뜨기로 이동한 모습입니다.

24 처음 시작했던 코에 빼뜨기하여 마무리해 주세요.

25 돗바늘로 실을 정리해 주세요.

곰돌이 얼굴 만들기

★ 시작 전 주의 사항
- 매직링(p.23)을 만들어 시작한 뒤, 1단을 완성하고 링을 조여 고정해 주세요.
- 새 단을 시작할 때는 항상 기둥코를 만든 후, 기둥코는 제외하고 첫 코부터 떠주세요.

곰돌이 얼굴 만들기 서술형 도안
1 매직링 안에 짧은뜨기 6 (6)
- 매직링 중간에 나사 코 넣어 연결해주세요.
2 늘려뜨기 6 (12)
3 짧은뜨기 12 (12)
4 (짧은뜨기 1, 늘려뜨기) x6 (18)
5 (짧은뜨기 2, 늘려뜨기) x6 (24)
6 짧은뜨기 24 (24)
7 (짧은뜨기 3, 늘려뜨기) x6 (30)
8 짧은뜨기 30 (30)
9 (짧은뜨기 4, 모아뜨기) x5 (25)
10 짧은뜨기 23, 모아뜨기 (24)
- 10단이 끝난 후 나사 눈 연결해주세요.
* 곰돌이 귀는 과정 사진(p.204)을 참고하여 만들어 주세요.

곰돌이 눈, 코 위치
코 : 매직링의 중앙에 위치시키고, 코 끝은 첫 번째 코를 향하도록 둡니다.
눈 : 4단과 5단 사이에 달아 주며, 눈 사이 간격은 4~5코 정도가 적당합니다.

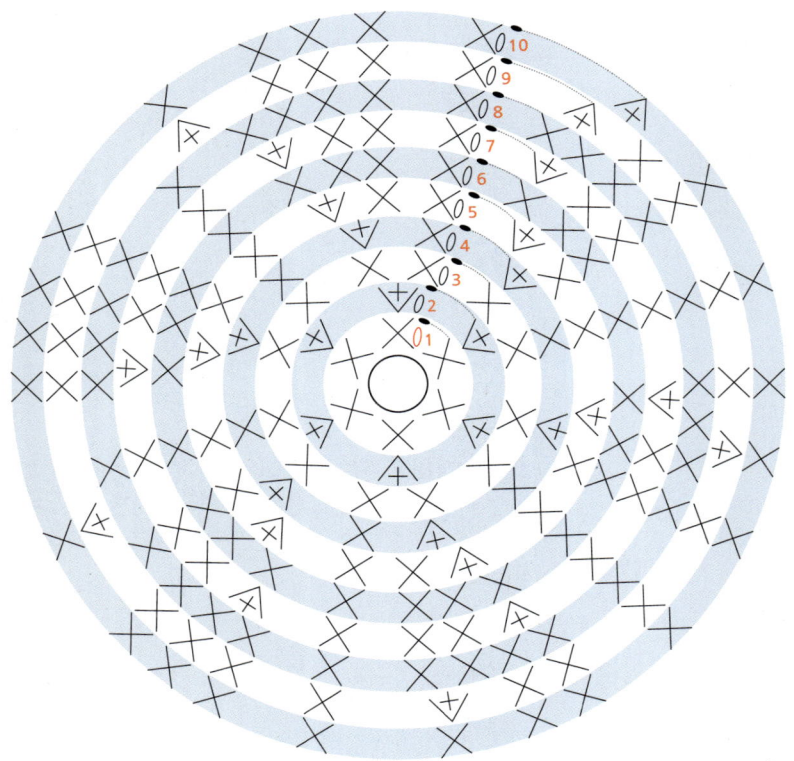

곰돌이귀 만들기

1 완성된 곰돌이 얼굴과 코바늘에 새 실을 매듭 짓기(p.16)로 걸어 준비해 주세요.

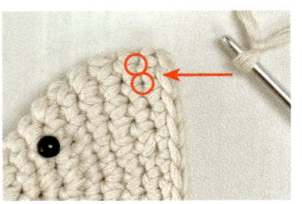

2 곰돌이 얼굴을 사진과 같이 반으로 접어 준 뒤, 그대로 보이는 10단과 9단 사이 위에서 두 번째 코에 코바늘을 넣어 주세요.

3 두 번째 코에 코바늘을 넣고, 세 번째 코로 빼 주세요.

4 빼뜨기로 실을 연결해 주세요.

5 다시 세 번째 코에 코바늘을 넣고, 네 번째 코로 빼내어 빼뜨기해 주세요.

6 빼뜨기 2코가 만들어졌습니다.

7 빼뜨기 코가 총 5코가 될 때까지 반복해 주세요.

8 빼뜨기 5코가 완성되었습니다. 편물을 뒤집은 뒤, 세 번째 코에 한길긴뜨기 6코를 떠 주세요.

9 한길긴뜨기 6코가 완성된 모습입니다. 이제 마지막 코에 빼뜨기해 주세요.

10 빼뜨기 한 모습입니다. 사슬 1코를 만들고 실을 잘라내 주세요.

11 남은 꼬리실을 안쪽으로 끌어와 정리해 주세요.

12 귀 한쪽이 완성되었습니다.

13 코바늘에 실을 다시 연결해 주세요.

14 반대쪽 귀 끝에서 다음 코부터 세어 8번째 코에 코바늘을 넣어 주세요.

15 8번째 코에 코바늘을 넣고, 7번째 코로 빼 주세요. (반대편 귀 쪽으로 코바늘을 빼 주세요.)

16 빼뜨기를 총 5코 만든 뒤, 같은 방법으로 한길긴뜨기 6코를 떠 귀를 완성해 주세요.

17 양쪽 귀가 완성된 모습입니다

곰돌이 뒷면 만들기

★ **시작 전 주의 사항**

- 매직링(p.23)을 만들어 시작한 뒤, 1단을 완성하고 링을 조여 고정해 주세요.
- 새 단을 시작할 때는 항상 기둥코를 만든 후, 기둥코는 제외하고 첫 코부터 떠주세요.

1 매직링 안에 짧은뜨기 6 (6)
2 늘려뜨기 6 (12)
3 (짧은뜨기 1, 늘려뜨기) x6 (18)
4 (짧은뜨기 2, 늘려뜨기) x6 (24)
* '늘려뜨기'라고 표시된 부분은 짧은뜨기 2코 늘려뜨기입니다.

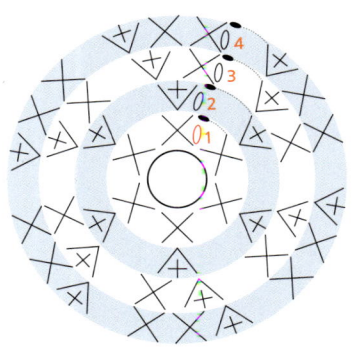

1 도안을 참고해 4단까지 뜬 뒤, 사슬 1코를 떠 주세요.

2 뒷면의 첫 번째 코와 곰돌이 얼굴의 첫 번째 코에 바늘을 함께 넣고, 빼뜨기해 주세요.

3 빼뜨기 한 모습입니다.

4 이후 코들도 동일한 방법으로 진행해 주세요.

5 약 6코를 남기고 모두 떠 주세요.

6 곰돌이 얼굴 안에 솜을 채운 뒤, 남은 코를 모두 떠 주세요.

7 마지막 코까지 뜬 모습입니다.

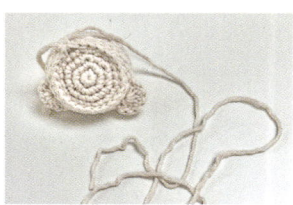

8 실을 약 30cm 남기고 잘라 마무리해 주세요.

끈 만들기 과정 설명 p.208

★ **시작 전 주의 사항**

- 끈은 아프간뜨기 기법으로 만듭니다.
- p.208의 과정 사진을 함께 참고하여 만들어 주세요.
- 가방끈 1,2,3과 리드줄까지 총 4개를 만듭니다.

○	│	~	●
사슬뜨기	겉뜨기	물러뜨기	빼뜨기

* 가방끈 1 : 사이즈와 관계없이 20cm로 만들어 주세요.
* 가방끈 2, 3 : 강아지 목둘레에 약 20cm를 더해 만들어 주세요.
* 리드줄 : 원하는 길이만큼 만들어 주세요. (생략할 수 있습니다.)

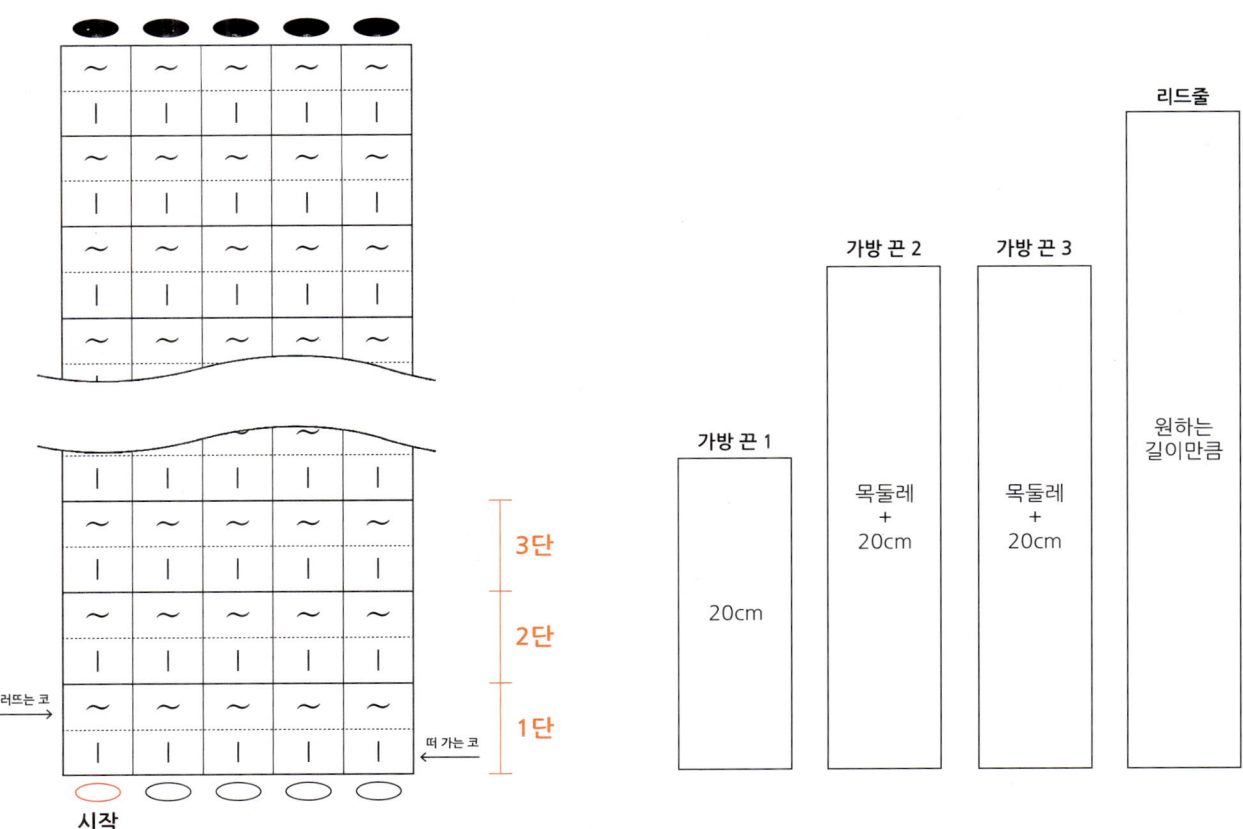

끈 만들기

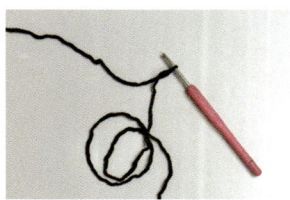   

1 실을 약 30cm 남긴 뒤 바늘에 연결해 주세요.

2 사슬 5코를 만들어 주세요.

3 사슬 코의 뒤쪽 코 산이 보이도록 두어 주세요. (바늘에 걸린 한 가닥 실이 첫 번째 코가 됩니다.)

4 첫 코를 건너뛴 후 두 번째 코 산에 바늘을 넣고, 실을 한 번 감아 통과시켜 주세요.

 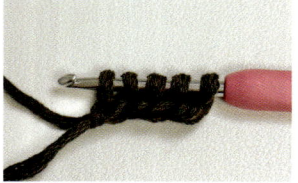 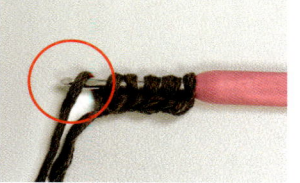 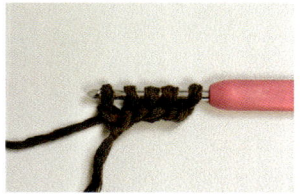

5 그러면 바늘에 실이 한 가닥 더 걸리게 되며, 이 실이 두 번째 코가 됩니다. 이어서 바로 다음 코에 바늘을 넣고 실을 감아 통과시켜 주세요. 나머지 사슬에도 동일하게 반복해 주세요.

6 다 뜨고 나면 바늘에 실 다섯 가닥이 걸려 있으며, 총 5코가 만들어집니다.

7 이어서 바늘에 실을 한 번 감아, 걸려 있는 실 1가닥을 통과시켜 주세요.

8 바늘에 실이 5가닥 걸린 상태에서, 다시 실을 한 번 감아 걸려 있는 2가닥을 통과시켜 주세요.

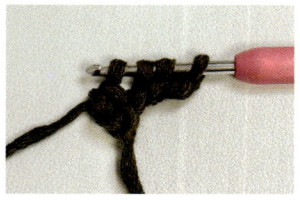 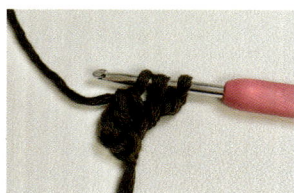 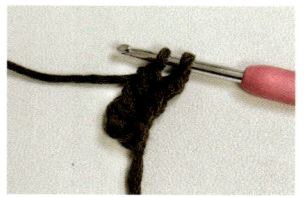 

9 바늘에 실이 4가닥 걸린 상태에서, 다시 실을 한 번 감아 걸려 있는 2가닥을 통과시켜 주세요.

10 바늘에 실이 3가닥 걸린 상태에서, 다시 실을 한 번 감아 걸려 있는 2가닥을 통과시켜 주세요.

11 바늘에 실이 2가닥 걸린 상태에서, 다시 실을 한 번 감아 걸려 있는 2가닥을 통과시켜 주세요.

12 바늘에 실이 한 가닥 남을 때까지 되돌아오는 이 방법을 아프간뜨기의 '물러뜨기'라고 합니다. 여기까지가 1단이 완성된 모습입니다.

 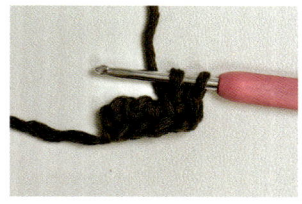  

13 이제 2단을 시작합니다. 편물을 자세히 보면 세로줄이 5개 보이는데, 첫 번째 세로줄은 건너뛰고 두 번째 세로줄에 바늘을 넣어 실을 한 번 감아 통과시켜 주세요.

14 바늘에 원래 걸려 있던 실이 첫 번째 코가 되고, 방금 통과시켜 생긴 실이 두 번째 코가 됩니다.

15 세 번째, 네 번째 세로줄도 같은 방법으로 반복해 코를 만들어 주세요.

16 마지막 세로줄은 뒤쪽 한 가닥을 함께 잡고, 실을 한 번 감아 통과시켜 주세요.

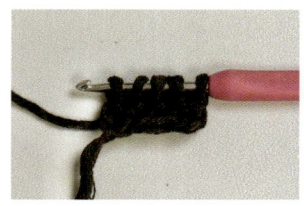 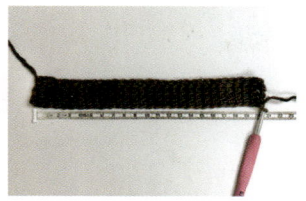  

17 세로줄에 바늘을 넣고 실을 감아 오는 방법이 아프간뜨기의 '겉뜨기' 기법입니다. 7번부터 참고하여 물러뜨기를 해 주면 2단이 완성됩니다.

18 세로줄을 가져오는 겉뜨기와 되돌아오는 물러뜨기를 반복하여 끈을 약 20cm 길이로 만들어 주세요.

19 이제 끈을 마무리하기 위해 **빼뜨기**(코막음)를 해 줍니다.

20 시작은 겉뜨기와 동일하게, 두 번째 세로줄에 바늘을 넣어 실을 한 번 감아 통과시켜 주세요.

21 방금 통과시킨 실로, 바늘에 걸려 있던 실 한 가닥을 통과시켜 주세요.

22 이어서 세 번째 세로줄에 바늘을 넣어 실을 한 번 감아 통과시켜 주세요.

23 방금 통과시킨 실로, 바늘에 걸려 있던 실 한 가닥을 통과시켜 주세요.

24 마지막 세로줄까지 반복해 주세요.

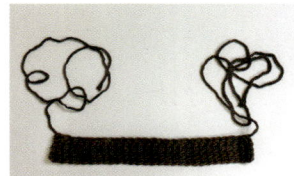 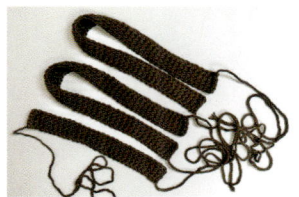

25 사슬 한 코를 만든 뒤, 실을 약 30cm 남기고 잘라 주면 가방끈1이 완성됩니다.

26 이 방법으로 가방끈 2, 3과 리드줄까지 만들어 주세요. (리드줄은 선택 사항입니다.)

끈 조립하기

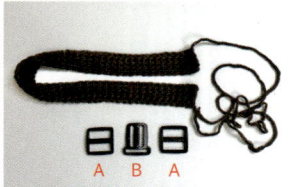

1 가방끈 2와 조리개 A-2개, B-1개를 준비해 주세요.

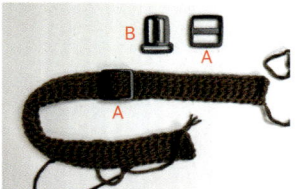

2 조리개 A를 끈에 통과시켜 주세요.

3 끈의 뒤쪽 모습입니다.

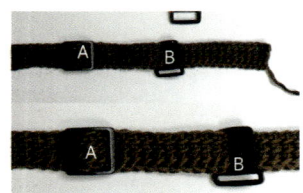

4 이어서 사진을 참고해 끈에 조리개 B를 통과시켜 주세요.

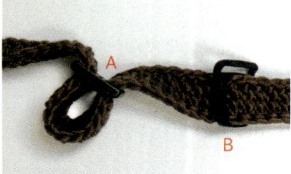

5 조리개 A의 중간 부분 끈을 여유 있게 당겨 주세요.

6 사진을 참고하여, 조리개 B에 있던 끈 끝을 조리개 A의 구멍에 넣어 주세요.

7 끈이 통과된 모습입니다.

8 통과된 끈 끝을 다시 조리개 A의 반대쪽 구멍으로 넣어 통과시켜 주세요. (사진의 화살표 방향 참고)

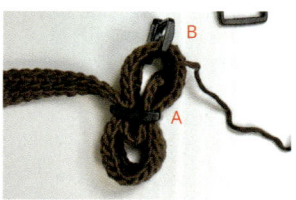

9 끈이 통과된 모습입니다.

10 통과시킨 끈을 사진과 같이 조리개 A에서 살짝 빼내어, 빠지지 않도록 꼬리 실로 꿰매 고정해 주세요.

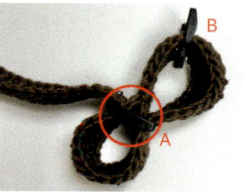

11 고정된 끈의 모습입니다.

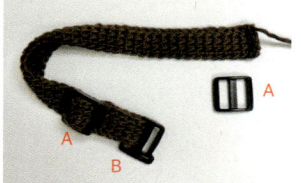

12 끈 한쪽 조립이 완성되었습니다.

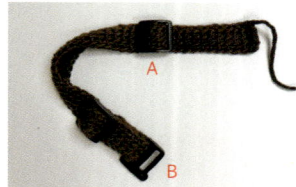

13 이어서 반대쪽 끈에 조리개 A를 통과시켜 주세요.

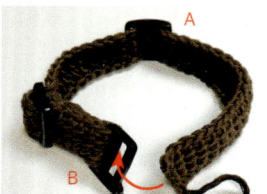

14 사진과 같이 끈을 동그랗게 두고, 조리개 B에 끈을 밖에서 안쪽으로 통과시켜 주세요.

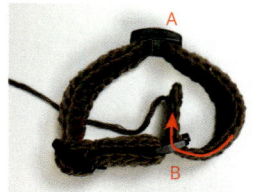

15 끈이 통과된 모습입니다.

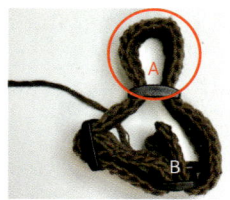

16 조리개 A의 중간 부분 끈을 여유 있게 당겨 주세요.

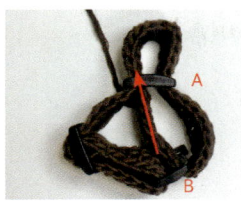
17 사진과 같이, 끈을 조리개 A의 구멍에 넣어 주세요.

18 끈이 통과된 모습입니다.

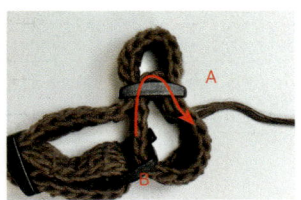
19 끈을 조리개 A의 반대쪽 구멍으로 다시 통과시켜 주세요.

20 끈을 조리개 A에서 살짝 빼낸 뒤, 빠지지 않도록 끈 꼬리 실로 꿰매어 고정해 주세요.

21 양쪽 조립이 모두 끝난 모습입니다.

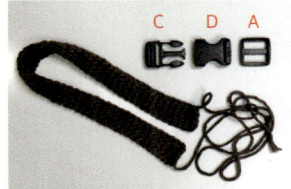
22 다음으로 가방끈 3, 버클, 조리개를 준비해 주세요. (버클은 분리하여 C와 D로 구분해 주세요.)

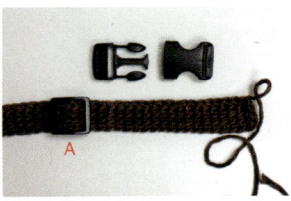
23 조리개 A를 끈에 통과시켜 주세요.

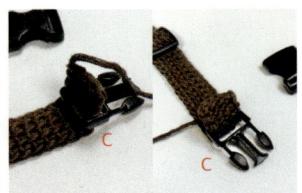
24 이어서 버클 C를 사진과 같이 끈에 통과시켜 주세요.

25 버클 C의 반대쪽 구멍으로 끈을 다시 통과시켜 주세요.

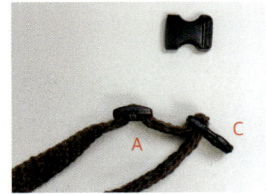
26 끈이 통과된 모습입니다.

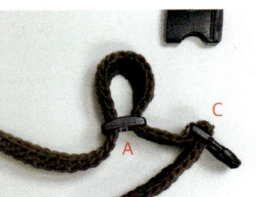
27 조리개 A의 중간 부분 끈을 여유 있게 당겨 주세요.

28 버클 C를 통과한 끈을 다시 조리개 A의 구멍으로 넣어 주세요.

29 끈이 통과된 모습입니다.

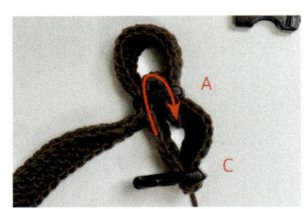
30 끈을 조리개 A의 반대쪽 구멍으로 다시 통과시켜 주세요.

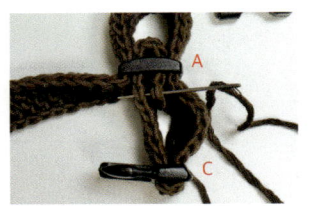
31 끈을 조리개 A에서 살짝 빼낸 뒤, 빠지지 않도록 끈 끝 실로 꿰매어 고정해 주세요.

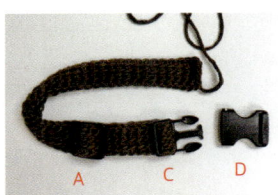
32 끈 한쪽 조립이 완성되었습니다.

33 분리해 두었던 버클 C와 D를 다시 결합해 주세요.

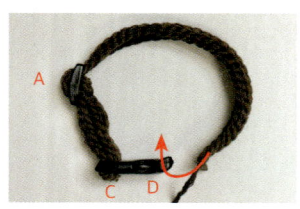

34 사진과 같이 끈을 동그랗게 두고, 버클 D에 끈을 밖에서 안쪽으로 통과시켜 주세요.

35 끈이 통과된 모습입니다.

36 끈을 버클 D에서 살짝 빼낸 뒤, 빠지지 않도록 끈 꼬리 실로 꿰매어 고정해 주세요.

37 조립을 마친 끈 2개와 가방 본체를 준비해 주세요.

38 완성된 끈 2개를 사진과 같이 가방 뒤쪽에 배치해주세요.(조리개 B의 위치를 꼭 확인해 주세요.)

39 그대로 실과 돗바늘을 이용해 꿰매어 고정해 주세요.

40 다음으로 가방끈 1을 준비해 주세요.

41 가방끈 1을 조리개 B의 아래쪽 구멍에 위에서 아래로 넣어 주세요.

42 끈을 조리개 B에서 살짝 빼낸 뒤, 빠지지 않도록 끈 끝 실로 꿰매어 고정해 주세요.

43 고정된 끈의 모습입니다.

부자재 연결하기

1 반대쪽 가방끈 1은 사진을 참고하여, 가방에 연결된 아래쪽 끈을 한 번 감싼 뒤 꿰매어 고정해 주세요.

2 고정된 끈의 모습입니다.

3 D링을 가방 아래쪽에 달아 주세요.(리드줄을 걸 수 있는 고리로 사용됩니다.)

4 고정된 D링의 모습입니다.

5 가방 앞쪽에 자석 단추 한쪽을 먼저 달아 주세요.

6 가방 내부를 채워 넣어 주세요.

7 가방 위쪽이 될 부분을 남겨 두고 뚜껑을 닫은 뒤, 반대쪽 자석 단추를 달 위치를 정해 주세요.

8 반대쪽 자석 단추도 달아 주세요.

곰돌이 얼굴 가방에 연결하기

1 가방과 곰돌이 얼굴을 준비해 주세요.

2 곰돌이 얼굴에 연결된 실을 돗바늘에 끼우고, 가방에 달아 줄 위치에 올려 주세요.

3 위치를 정했으면 곰돌이 얼굴 부분에 먼저 돗바늘을 이용해 오른쪽에서 왼쪽으로 한 코 떠 주세요.

4 그다음, 같은 위치의 가방 쪽도 돗바늘을 이용해 오른쪽에서 왼쪽으로 한 코 떠 주세요.

5 이어 곰돌이 얼굴에서 한 코를 뜨고, 다시 가방 쪽에서도 한 코를 떠 주세요.

6 곰돌이 얼굴이 연결될 때까지 반복해 주세요. 모두 연결이 되면 가방 뒤쪽에서 매듭지어 마무리해 주세요.

7 곰돌이 얼굴 쪽에 꼬리실을 숨기고, 남은 부분을 잘라 주세요.

8 곰돌이 얼굴 연결이 완성된 모습입니다.

리드줄 연결하기

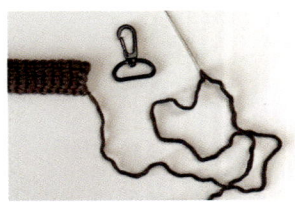   

1 낚시고리와 완성된 리드줄을 준비해 주세요.

2 리드줄을 낚시고리에 사진과 같이 여유 있게 통과시킨 뒤, 튼튼하게 고정되도록 네모 모양으로 꿰매어 고정해 주세요.

3 고정한 후 실을 매듭지어 마무리해 주세요.

4 리드줄 반대쪽은 손잡이 부분입니다. 사진과 같이 원하는 길이만큼 고리를 만든 뒤, 앞과 동일하게 네모 모양으로 꿰매어 고정해 마무리해 주세요.

5 리드줄 고리를 D링에 연결하면 완성입니다.

숩니공방의 강아지 옷 뜨개

초판 1쇄 | 2025년 12월 11일
지은이 | 숩니공방

© 2025 숩니공방. All rights reserved.

펴낸이 | 서인석
펴낸곳 | 제우미디어
출판등록 | 제 3-429호
등록일자 | 1992년 8월 17일
주소 | 서울시 마포구 독막로 76-1 5층
전화 | 02-3142-6845
팩스 | 02-3142-0075
홈페이지 | jeumedia.com

ISBN 979-11-6718-610-2 13590
※파본은 구입하신 서점에서 교환해 드립니다.

제우미디어 트위터 twitter.com/jeumedia
제우미디어 인스타그램 instagram.com/jeumedia

만든 사람들
출판사업부 총괄 김금남 | **책임편집** 민유경
기획 신은주, 장재경, 안성재, 최홍우 | **제작** 김용훈
디자인 총괄 올컨텐츠그룹